Legende
Queen Elizabeth II.
Sammlung Luciano Pelizzari

W0062758

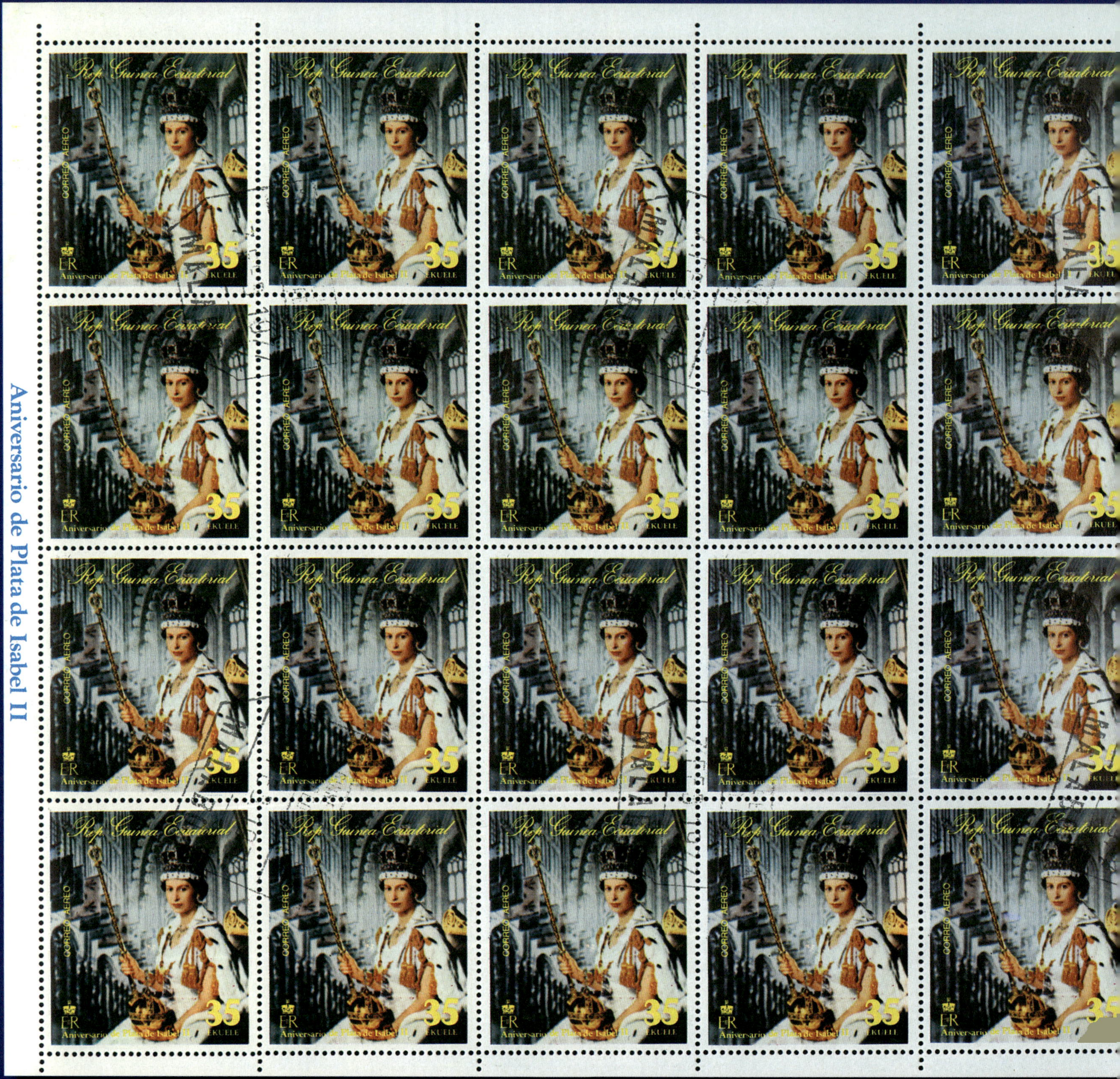

Silbernes Thronjubiläum Queen Elizabeth II. | 1978 | Sammlung Luciano Pelizzari

Rep. Guinea Ecuatorial
CORREO AEREO
35
EKUELE
Aniversario de Plata de Isabel II
Rep. Guinea Ecuatorial

Krönung Queen Elizabeth II.
1953
Porzellan
Clarice Cliff
Britische Keramikkünstlerin
Stoke-on-Trent, GB
1899 – 1972
Sammlung Marina Minelli Pescara

Krönung Queen Elizabeth II.

1953

Steingut

Wedgwood Jasperware

Staffordshire, GB

gegründet 1759

Sammlung Marina Minelli Pescara

Sovereign Queen Elizabeth II. | 1976 | Gold | Sammlung Luciano Pelizzari

Diese Publikation erscheint anlässlich
der Ausstellung
Legende Queen Elizabeth II.
Sammlung Luciano Pelizzari
im Weltkulturerbe Völklinger Hütte
Europäisches Zentrum für Kunst und Industriekultur

Legende
Queen Elizabeth II.
Sammlung Luciano Pelizzari

Herausgegeben von
Meinrad Maria Grewenig

Edition Völklinger Hütte 2018
in der Edition Cantz

Ausstellung

Gesamtleitung,
Ausstellungs- und Konzeptidee
Meinrad Maria Grewenig

Ausstellungsleiter
Frank Krämer

Exponatenauswahl
Meinrad Maria Grewenig
Luciano Pelizzari

Ausstellungsgestaltung
Meinrad Maria Grewenig
Frank Krämer
in Zusammenarbeit mit Thomas Glas

Ausstellungssekretariat
Jeanette Dittmar

Referentin Gesamtleitung
Judith Jung

Referent Gesamtleitung
Daniel Bauer

Texte
Peter Backes
Meinrad Maria Grewenig
Eva-Maria Günther
Andreas Hahn FRPSL
Luciano Pelizzari
Vittorio Sabadin
Rolf Seelmann-Eggebert

Projektleitung Dokumentation / Texte
Peter Backes
Jeanette Dittmar
Mitarbeit: Carolin Schmidt

Exponate-Management
Hendrik Kersten

Multimedia-Einführung
Meinrad Maria Grewenig
Frank Krämer

Kommunikation
Jocelyne Pallu
Karl Heinrich Veith, Armin Leidinger

Besucherservice
Marjatta Borck
Dorothee Körner, Jean-Marcel Kapia,
Doreen Staack

Instruktor
Noah Staack
Maurice Mönkemeyer

Kaufmännische Steuerung
Arno Harth

Verwaltung
Songün Demirol-Yilmaz
Esther Schöfisch
Marc Weinand

Technik
Günther Marx
Winfried Zell, Sven Peters,
Rainer Schmidt, Jürgen Spaniol,
Martin Thimmel, Gerald Verron

Denkmalbauabteilung
Andreas Timm, Leitung
Matthias Ackermann, Gisela Nolde,
Wolfgang Schwarz, Mira Anna-Weigand

Alarm- und Sicherheitstechnik
Schmitz & Partner, Wadern
Krämer IT, Eppelborn
pwd, Völklingen

Ausstellungsversicherung
Kuhn & Bülow, Berlin

Corporate Design
Glas AG, Seeheim-Jugenheim
Thomas Glas

Elektroinstallation, Licht
Klaus Rief, Bous

Malerarbeiten
Behr, Saarbrücken

D-Prints
pri-mo, Peter Lammers, Düsseldorf

Bewachung
pwd, Püttlingen

Ausstellungsbeschriftung
K-O-M, Völklingen

Multimedia
vjs, Sankt Ingbert

Ausstellungs-CI
Glas AG
Thomas Glas
Enrico Pellegrino, Gwendolin Lehmler

Bildpartner
picture alliance, Frankfurt am Main

Gefördert von
Europäische Union
Die Beauftragte der Bundesregierung
für Kultur und Medien
Saarland Landesregierung
Saarland Sporttoto

Publikation

Herausgeber
Meinrad Maria Grewenig

© Weltkulturerbe Völklinger Hütte
Europäisches Zentrum für Kunst und
Industriekultur
und Meinrad Maria Grewenig

www.voelklinger-huette.org

Buchkonzeption
Meinrad Maria Grewenig

Projektleitung Katalog
Daniel Bauer

Textredaktion
Peter Backes
Daniel Bauer
Jeanette Dittmar

Bildredaktion
Frank Krämer

Texte
Peter Backes
Meinrad Maria Grewenig
Eva-Maria Günther
Andreas Hahn FRPSL
Luciano Pelizzari
Vittorio Sabadin
Rolf Seelmann-Eggebert

Zeittafel
Peter Backes
Glas AG

Übersetzung
Agentur Brovot & Klöss

Gesamtgestaltung
Glas AG
Thomas Glas
Gwendolin Lehmler
Enrico Pellegrino

Lithographie
Glas AG
Thomas Glas

Herstellung
Edition Cantz, Esslingen

Druck
Dr. Cantz'sche Druckerei
Medien GmbH, Esslingen

ISBN 978-3-947563-04-3

Abbildungen

Titelseite
Queen Elizabeth II by Dorothy Wilding
© William Hustler and Georgina
Hustler / National Portrait Gallery,
London

Seite 2
Philip Duke of Edinburgh
Pietro Annigoni 1910 – 1988
1954 / 1955
Privatarchiv Luciano Pelizzari

Seite3
Her Majesty Queen Elizabeth II.
Pietro Annigoni 1910 – 1988
1954 / 1955
picture alliance / dpa

Rückseite
Queen Elizabeth II., 1992
BBC London | 92 Jahre Queen
Elizabeth II in pictures
picture alliance / dpa
siehe Seite 217

Weltkulturerbe Völklinger Hütte /
Hans-Georg Merkel außer:
BBC London | 92 Jahre Queen
Elizabeth II in pictures von picture
alliance / dpa: S. 49, 51, 52, 53, 55,
57, 59, 61, 63, 65, 67, 69, 71, 73, 75,
77, 79, 81, 83, 85, 87, 89, 91, 93, 95,
97, 99, 101, 103, 105, 107, 109, 111, 113,
115, 117, 119, 121, 123, 125, 127, 129, 131,
133, 135, 137, 139, 141, 143, 147, 149,
151, 153, 155, 157, 159, 161, 163, 165,
167, 169, 171, 173, 175, 177, 179, 181,
183, 185, 187, 191, 193, 195, 197, 199,
201, 203, 205, 207, 209, 211, 213, 215,
217, 219, 221, 223, 225, 227, 229, 231,
233, 235, 237, 239, 241, 243, 245
und S. 3, 16, 18, 19, 34, 36, 37, 42,
160, 182, 246

Privatarchiv Luciano Pelizzari
S. 20, 40

Helmut R. Schulze, Heidelberg
S. 248 – 249

Inhalt

Das Bild der Queen – Vorwort und Dank	**17**
Meinrad Maria Grewenig	
Queen Elizabeth II.	**21**
Vittorio Sabadin	
Teatime mit der Queen	**25**
Eva-Maria Günther	
Das Haupt der Queen – Vorbild für Europa	**29**
Andreas Hahn FRPSL	
Die Zukunft der Krone	**35**
Rolf Seelmann-Eggebert	
Elizabeth ist schön, sie ist wirklich schön	**39**
Luciano Pelizzari im Gespräch mit Meinrad Maria Grewenig	
**BBC London	92 Jahre Queen Elizabeth II in pictures**	**46**
Mit Texten von Peter Backes	
Literatur	**252**
Autoren	**256**

Dank

Leihgeber und Bildrechte

Sammlung Luciano Pelizzari
Museumsstiftung Post und
Telekommunikation, Bonn
The Postal Museum, London
Sammlung Marina Minelli, Pescara
Privatsammlungen
BBC London | 92 Jahre
Queen Elizabeth II in pictures
und weitere Abbildungen über
picture alliance / dpa
Privatarchiv Luciano Pelizzari

Unterstützung und Hinweise

Bernd Barde, Barbara Beaucamp-
Markowsky, Christoph Gärtner,
Christoph Grill, Andreas Hahn,
Karin Hellmann, Leo Kraemer,
Dirk Kronsbein, Valeri Lalov,
Sylvia Martin, Hans-Georg
Merkel, Douglas N. Muir, Marco
Murari, Wilfried Rosendahl,
Franzi Sauerer, Annette Scherer,
Helmut R Schulze, Henning
Schröder, Michael Steininger,
Olivier Varossieau, Kristine Walle

Das Bild der Queen

Vorwort und Dank

Es war für mich ein berührender und ergreifender Moment, als ich im August 2017 – bei brütender Hitze – im Palazzo della Gran Guardia auf der Piazza Bra, gegenüber der Arena di Verona, die Ausstellung "The Stamps of the Queen – Homage to Elizabeth II." von Luciano Pelizzari besuchte. Eine Ausstellung, die immer wieder das Bild der Queen zeigte, viele hundert Mal "Queen Elizabeth II." auf Briefmarken aus aller Herren Länder, Münzen und Bildern. Es war nicht nur eine sensationelle Ausstellung – diese Schau war emotional und ergreifend, mehr als eine übliche Ausstellung, es war ein künstlerisches Konzept rund um Queen Elizabeth II. und ihrem Leben und Wirken. Mir wurde schlagartig klar, dass diese vielen hundert Bilder der Queen mitten hinein führen in das Verständnis unserer Zeit, in das Verständnis des modernen Europas und der vielfältigen Möglichkeiten und Abwege der Zeitgeschichte – vor und nach dem Brexit. Das Bild der Queen war und ist "perfekt medial", es spiegelt in besonderer Art und Weise die Zeitgeschichte in einer einzigartigen Perspektive. Das Bild der Queen reflektiert fast 100 Jahre unserer gegenwärtigen Zeit konzentriert in einer einzigen Persönlichkeit. Wie keine andere Person der Zeitgeschichte ist die Queen präsent, Teil der Geschichte und trotzdem distanziert. Queen Elizabeth II. ist die Person unserer Gegenwart, die im 20. und 21. Jahrhundert am meisten dargestellt wurde. Nach der Diskussion und dem Abgleich mit meinem Weltkulturerbeteam und der Zustimmung des Aufsichtsrats unserer Gesellschaft zu diesem Unterfangen war klar, dass wir – schöpfend aus der Sammlung Luciano Pelizzari – dieses besondere mediale Ereignis in einer Ausstellung im Weltkulturerbe Völklinger Hütte präsentieren wollen.

Wir konfrontieren in der Ausstellung "Legende Queen Elizabeth II." unsere Auswahl aus der Sammlung Luciano Pelizzari mit dem legendären Projekt von BBC London "BBC London | 92 Jahre Queen Elizabeth II in pictures", das in herausragenden Jahresfotos das Leben der Queen während der letzten 92 Jahre zeigt. Diese Bilder werden ergänzt durch Leihgaben aus der legendären Porzellansammlung von Marina Minelli, Pescara, zu der uns Luciano Pelizzari den Zugang ermöglicht hat. Weitere Leihgaben aus der Museumsstiftung Post und Telekommunikation, Bonn, und The Postal Museum, London, ergänzen das Ausstellungsprojekt, das Meilensteine der europäischen Kulturgeschichte vereint.

In der Ausstellung begegnen sich so drei große Bild-Stränge: Erstens, die 92 eigenständigen Reportage-Bilder, die das Leben der Queen im Jahresrhythmus erleben lassen und einen Vollbegriff der Persönlichkeit Queen Elizabeth II. vermitteln. Zweitens, die im Laufe ihres Lebens entstandenen Bildkonstanten der Queen, die sich wiederholend über die Jahrzehnte weltweit in Briefmarken, Münzen und Medaillen zeigen. Der Bogen spannt sich dabei von den ersten Briefmarken überhaupt hin zu einer Kollektion, die den gesamten Erdball umspannt und immer wieder das Porträt von Queen Elizabeth II. zeigt. Und, drittens, die Erinnerungsstücke zu den wichtigen Ereignissen der Queen und ihrer Familie. Das Bild der Queen Elizabeth II. von Pietro Annigoni zieht sich wie ein roter Faden durch alle offiziellen Darstellungen der englischen Regentin. Dieses Porträt wird so auch zum Koordinatensystem des "Medienereignisses" Queen Elizabeth II. Die Ausstellung zeigt aber auch deutlich, dass Queen Elizabeth II. die erste Persönlichkeit im Fokus der Öffentlichkeit ist, die umfassend als Medienphänomen begriffen werden kann und deren Vermittlung und Vorstellung wesentlich durch die Bilder geprägt wird, die sie darstellen und die auf sie verweisen.

Queen Elizabeth II. mit
Prince Philip nach der Krönung
2. Juni 1953
C-Print

Das Bild der Queen

Queen Elizabeth II.
1951
C-Print
Yousuf Karsh
1908 - 2002

Die Queen ist die am längsten regierende Monarchin Großbritanniens und eine der am längsten regierenden Monarchen der Welt. Sie feiert 2018 ihr 65-jähriges Thronjubiläum. Während ihres Lebens war sie medial und real Bezugspunkt der Weltgeschichte, ohne die Weltereignisse "operativ" zu beeinflussen. Für Friedrich Wilhelm Prinz von Preußen ist "die Queen meine Tante". Theodor Heuss sagte: "Die Begegnung mit Eurer Majestät werde ich nie vergessen. Es hat mich stark berührt, dass auch Sie in meinem Besuch ein Zeichen für die Vertiefung der Freundschaft zwischen unseren Ländern sieht." Manche bezeichnen sie auch als "cool", andere sehen in der Queen den "Prototypen für eine weibliche Herrscherin des 20. Jahrhunderts". Wieder andere, wie Neil MacGregor, verweisen darauf, dass beispielsweise der Duden bei dem Begriff "Queen" anmerkt, dass es keinen Plural gibt. Queen Elizabeth II. ist wahrscheinlich die letzte Ikone unserer Zeitgeschichte. All dies zeigt die Ausstellung und lässt damit ein großes Stück Zeitgeschichte aus einer besonderen Perspektive lebendig werden. Die Ausstellung porträtiert Queen Elizabeth II. als Monarchin, Akteurin, Familienoberhaupt und als Traumfigur für die Briten und eine weltweite Fangemeinde. Queen Elizabeth II. ist die Stil-Ikone, die Mode und der Schmuck der Queen sind legendär. Sie ist ein Motiv und Emblem der Pop-Kultur und UrbanArt.

Mein erster und größter Dank gilt Luciano Pelizzari, er hat seine Sammlung für diese Ausstellung geöffnet und das Fundament gelegt für dieses Projekt, ihm verdanken wir auch die Inspiration und die Begeisterung für das Thema "Queen Elizabeth II.". Luciano Pelizzari hat uns zudem den Zugang zur Porzellansammlung von Marina Minelli in Pescara eröffnet, aus der wir die wunderschönen Erinnerungsstücke zeigen können. Dank gilt an dieser Stelle auch den weiteren Leihgebern, der Museumsstiftung Post und Telekommunikation, Bonn, und dem The Postal Museum, London, dem wir Inkunabeln der Philatelie verdanken. Mit in den Dank einbeziehen will ich auch die Leihgeber, die nicht genannt sein wollen. Dass wir das gesamte Projekt "BBC London | 92 Jahre Queen Elizabeth II in pictures" zeigen können, verdanken wir picture alliance / dpa.

Konzeption, Vorbereitung und Einrichtung der Ausstellung "Legende Queen Elizabeth II." sowie die Koordination der Exponate und des Katalogbuchs, lag in den bewährten Händen des Weltkulturerbeteams. Hier sage ich von Herzen Danke, stellvertretend danke ich meinem Ausstellungsleiter Frank Krämer, meinen Projektleitern Peter Backes und Hendrik Kersten sowie Daniel Bauer und Jeanette Dittmar für die Vorbereitung der Ausstellung und des Kataloges. Sie haben mit großem Engagement und hohem Einsatz dieses Projekt betreut und zu einem sehr guten Ergebnis gebracht. Großer Dank gilt unserer Technik um Günther Marx und Winfried Zell mit Sven Peters, Rainer Schmidt, Jürgen Spaniol, Martin Thimmel und Gerald Verron. Ohne ihren Einsatz hätte die Ausstellung nicht in dieser faszinierenden Form eingerichtet werden können. Allen am Projekt beteiligten Künstlern, Multimediaentwicklern, Technikern und Handwerkern danke ich für ihren hohen Einsatz. Großer Dank gilt auch Thomas Glas und der Glas AG für das Corporate Design der Ausstellung und der Kommunikationsmedien sowie für das visuelle Konzept des Ausstellungsbuches. Die Edition Cantz hat die Publikation zur Ausstellung in ihr Verlagsprogramm aufgenommen, hierfür danke ich dem Verlag

Queen Elizabeth II.
1968
C-Print
Cecil Beaton
1904 – 1980

und Bernd Barde für die Koordination des Buchprojektes. Herzlichen Dank spreche ich auch unserem Kommunikationsteam mit Jocelyne Pallu, Karl Heinrich Veith und Armin Leidinger sowie meinem Sekretariat, Désirée Himbert, und unserer Werksstudentin Carolin Schmidt aus. Ein weiterer großer Dank gilt den Autoren des Ausstellungsbuches, die uns einen tiefen Einblick in das Leben von Queen Elizabeth II., die Welt der Briefmarken, des Porzellans und der Erinnerungs- stücke geben. Luciano Pelizzari hat uns von seiner Begegnung mit Queen Elizabeth II. berichtet und die Wurzeln seiner Begeisterung offengelegt. Ein Ausblick auf die Zukunft der Monarchie in Großbritannien setzt unsere Fantasie in Gang. Ich danke ausdrücklich: Vittorio Sabadin, Eva-Maria Günther, Andreas Hahn FRPSL, Rolf Seelmann-Eggebert, Ludwig Schubert und Luciano Pelizzari. Besonderer Dank gilt meinem Kollegen in der Geschäftsführung, Arno Harth, der die kaufmännische Steuerung des Ausstellungsprojektes übernommen hat.

Dass wir im Weltkulturerbe Völklinger Hütte mit unserem Team ein solch aufregendes Ausstellungs- projekt verwirklichen konnten, verdanken wir dem Vertrauen unseres Aufsichtsrates und seinem Vorsitzenden, dem saarländischen Kultusminister Ulrich Commerçon. Ich danke von ganzem Herzen, auch im Namen des gesamten Weltkulturerbeteams, für dieses Vertrauen und diesen Rückhalt in unserer Arbeit.

Ohne die umfängliche Unterstützung des Saarlandes, der Bundesrepublik Deutschland und der Europäischen Union wäre das Projekt "UNESCO Weltkulturerbe Völklinger Hütte – Europäisches Zentrum für Kunst und Industriekultur" nicht für die nächste Generation zu entwickeln. Wir wollen, dass die Erben dieses Industriekulturerbes einen direkten und authentischen Zugang zu den Kultur- quellen ihrer Väter und Mütter und ihrer Großeltern haben. Mein großer Dank gilt auch den Unter- stützern des Ausstellungsprojektes "Legende Queen Elizabeth II. – Sammlung Luciano Pelizzari": Möbel Martin GmbH & Co. KG, Saarbrücken, und der Stiftung des Verbandes der Metall- und Elektro- industrie des Saarlandes e.V. (Stiftung ME Saar), Saarbrücken. Dr. Theiss Naturwaren, Homburg, hat die Unterstützung eines Kommunikationsprojektes übernommen. Thomas Bruch, St. Wendel, hat die Ausstellung mit einer persönlichen Zuwendung unterstützt. Ohne diese Zuwendungen hätte das Ausstellungsprojekt nicht in der vorgestellten Qualität realisiert werden können. Danken will ich auch für die Kooperation mit dem Saarländischen Museumsverband in diesem Projekt. Besonders danken möchte ich unseren Besucherinnen und Besuchern, die uns jedes Jahr zu Hunderttausenden unterstützen und versichern, dass der eingeschlagene Weg richtig ist und uns in unserer Industrie- kultur-Arbeit umfänglich bestärken. Unseren Besucherinnen und Besuchern wünsche ich eine berührende, erhellende und aufregende Begegnung mit Queen Elizabeth II. und ihrer Welt.

Prof. Dr. Meinrad Maria Grewenig
CEO | Generaldirektor des Weltkulturerbe Völklinger Hütte
Europäisches Zentrum für Kunst und Industriekultur

Queen Elizabeth II.

Vittorio Sabadin

Elizabeth ist nunmehr 92 Jahre alt, ihr Mann Philip 96. Im September 2017 hat er angekündigt, dass er sich aus dem öffentlichen Leben zurückziehen wird. Dann wird er nicht mehr an ihrer Seite sein, ihr "Fels" wird nicht mehr drei Meter hinter ihr gehen, stets bereit, sie zu stützen oder seinen Rat zu geben. 1947, als sie 21 wurde, hielt Elizabeth in Südafrika im Radio eine Rede an ihre Untertanen: "Vor euch erkläre ich, dass ich mein ganzes Leben lang, mag es lang währen oder kurz, stets euch und unserer großen Familie, die das Empire ist und zu der wir alle gehören, dienen werde." Ruft man im Buckingham-Palast im Pressebüro an und fragt, ob die Queen sich nicht vielleicht langsam mit der Absicht trägt, abzudanken, bekommt man prompt zur Antwort, dass sich seit jener Rede 1947 nichts geändert hat. Elizabeth wird regieren, solange sie die Kraft dazu hat, denn wer eine Verpflichtung eingeht, steht im Wort. Sie wird es nicht den skandinavischen Monarchen gleichtun, die, als wäre ihre Schicht zu Ende, ihr Amt nach wenigen Jahren an ihre Kinder weitergeben und fortan an der Côte d'Azur leben. Seit 65 Jahren bereitet sich Charles darauf vor, den Thron zu übernehmen, und sollte er ihn dereinst tatsächlich besteigen, wird er sicher sehr gut vorbereitet sein. Doch einstweilen muss er sich weiter gedulden.

Nicht jedem dürfte bewusst sein, dass Elizabeth II. nicht nur Königin des Vereinigten Königreichs, also von England, Wales, Schottland und Nordirland ist, sondern auch das Oberhaupt von fünfzehn anderen Ländern dieser Erde. Winzige Karibikstaaten wie St. Kitts and Nevis sind darunter, aber auch große demokratische Nationen wie Kanada, Australien und Neuseeland. Wer nun meint, dies sei bestimmt ein Vermächtnis aus den Zeiten des viktorianischen Empires, der irrt: Als sie am 6. Februar 1952 den Thron bestieg, herrschte Elizabeth lediglich über sieben Staaten. Die anderen kamen erst im Lauf der Zeit hinzu, allerdings nicht wie einst infolge militärischer Eroberungen, sondern weil diese Staaten es so wollten.

Schon diese Tatsache mag belegen, wie viel Zuneigung und Respekt der Queen entgegengebracht werden. Keine andere lebende Persönlichkeit ist so bekannt und beliebt wie sie: Kein anderer großer Zeuge des 20. Jahrhunderts hat sie überlebt, und seit sie am 9. September 2015 den Rekord ihrer Ururgroßmutter Victoria gebrochen hat, die 63 Jahre, sieben Monate und zwei Tage auf dem Thron saß, ist sie die dienstälteste Regentin aller Zeiten – eine Leistung für die Ewigkeit. Der Queen verzeihen wir alles: die prunkvollen Kronjuwelen bei der Eröffnung des Parlaments, die Ausfahrten in einer märchenhaften gläsernen Kutsche, die unzähligen Bediensteten, Zofen und Hofdamen, die ihr in ihren alltäglichen Pflichten zur Hand gehen, die Silbernäpfe, aus denen ihre Corgis fraßen. "Kein Mensch würde unseren Beruf freiwillig ergreifen", hat sie einmal zu ihrem Gatten, Prinz Philip, dem Herzog von Edinburgh, gesagt, "wenn er nicht dazu gezwungen wäre."

Königin ist kein Beruf, den man sich aussucht. Es ist eine Rolle, die einem vom Schicksal zuteil wird, und das manchmal auf seltsame Weise. Keine der drei großen Königinnen der britischen Geschichte – Elizabeth I., Victoria, Elizabeth II. – war bei ihrer Geburt zur Herrscherin bestimmt. Elizabeth I. bestieg den Thron nur, weil ihre Halbschwester Maria die Blutige ohne Erben starb, und Victoria wurde erst Königin, nachdem ihre drei Onkel väterlicherseits, die vor ihr in der Thronfolge standen, einer nach dem anderen ebenfalls erbenlos verstorben waren. Elizabeth II. war noch ein Kind und schaute gerade zusammen mit ihrer Schwester Margaret in Piccadilly aus dem Fenster auf die

Queen Elizabeth II.

1952
Dorothy Wilding
1893 - 1976
National Portrait Gallery
London

Queen Elizabeth II.

Pferdekutschen, die unten vorbeifuhren, als ihre Nanny ihr die ungeheuerliche Nachricht überbrachte, ihr geliebter Onkel David, der als Eduard VIII. regierte, habe soeben abgedankt, neuer König sei ihr Vater Albert oder Bertie, wie seine Gattin ihn nannte, der als Georg VI. den Thron bestiegen habe. Wenn euer Vater von nun an abends nach Hause kommt, schärfte die Nanny den Mädchen ein, müsst ihr einen Knicks machen wie vor dem alten König. "Und wirst du jetzt eines Tages auch Königin sein?", fragte Margaret. "Ich denke schon", antwortete Elizabeth, woraufhin die Schwester nur meinte: "Du Arme."

Im September 1997 erlebte Elizabeth die wohl schwierigste Zeit ihrer Herrschaft, als Diana, die Mutter der königlichen Enkel William und Harry, mit nur 36 Jahren in Paris bei einem Autounfall ums Leben kam. Die Gefühlsaufwallungen, die die Erinnerung an Lady Di auf der ganzen Welt auslöste, blieben Elizabeth fremd. Elizabeth hingegen sah in Diana nur ein zerbrechliches und unvorbereitetes Mädchen, das an ihrer Aufgabe gescheitert war, nämlich den Dienst an der Institution, die sie in vorderster Reihe repräsentierte, als wichtigste Pflicht anzusehen.

Silbernes Thronjubiläum Queen Elizabeth II.

1977
Porzellan
Adams
Staffordshire, GB
gegründet 1657
Sammlung Marina Minelli Pescara

Ihre Untertanen aber forderten von Elizabeth, sie solle unverzüglich nach London zurückkehren, um ihren Schmerz zu teilen, und das königliche Banner auf dem Buckingham-Palast, das nicht einmal beim Tod eines Königs angerührt wurde, solle auf halbmast gesetzt werden. Die Queen spürte, dass sich ein Abgrund zu ihren Untertanen auftat, und entschloss sich, um die Monarchie zu retten, zu einem unerhörten Schritt: Sie willigte ein, eine Fernsehansprache zu halten, in der sie "auch als Großmutter" an Diana erinnerte, und als der Sarg der "Prinzessin des Volkes", wie der junge Labour-Premierminister Tony Blair Diana flugs betitelt hatte, neigte sie das Haupt. Elizabeth hat dreizehn britischen Premierministern die Hand geschüttelt, beginnend mit Winston Churchill. Ich selbst hatte die Ehre, sie zweimal im Buckingham-Palast zu treffen, das erste Mal zu einer kleinen Audienz vor einer Gartenparty, das zweite Mal bei einem Empfang aus Anlass ihres diamantenen Thronjubiläums. Wer sich Elizabeth nähern darf, durchlebt unvergleichliche Empfindungen. Es ist nicht nur die Umgebung, der Palast, die Säle voller Geschichte und luxuriöser Details, die das Erlebnis unvergesslich machen. Aber wirklich einzigartig ist das Gefühl, jene behandschuhte Hand zu drücken, eine Hand, die beinahe allen großen historischen Persönlichkeiten der letzten achtzig Jahre zur Begrüßung gereicht wurde: sämtlichen amerikanischen Präsidenten von Truman bis Obama (mit Ausnahme von Johnson und Trump), Chruschtschow und Gagarin, dem ersten Menschen im All, allen europäischen Regierungschefs seit den Zeiten Adenauers und De Gaulles. Und dazu auch Marilyn Monroe und Jackie Kennedy, den Astronauten, die zum Mond geflogen sind, den Beatles, Mandela und wohl jeder bedeutenden Persönlichkeit des 20. Jahrhunderts, die einem nur in den Sinn kommt. Und alle, bis auf wenige Ausnahmen wie John Lennon, haben sich vor ihr verneigt, als Zeichen des Respektes vor dem, was sie verkörpert.

Silbernes Thronjubiläum Queen Elizabeth II.

1977
Porzellan
Masons
Staffordshire, GB
gegründet 1796
Sammlung Marina Minelli Pescara

Der beste Moment für jeden Herrscher kommt, wenn er spürt, dass der Respekt, den seine Untertanen ihm entgegenbringen, nicht seinem Rang, sondern seiner Person gilt. Beileibe nicht jedem Monarchen ist dies vergönnt, Elizabeth aber wurde schon sehr früh um ihrer Person willen geachtet und geliebt. Vielleicht schon seit ihrer Hochzeit 1947, als sie den Stoff für ihr Hochzeitskleid von den Bezugsscheinen erwarb, die ihr zustanden, so wie alle anderen jungen englischen Frauen. Sodann weil sie sich im Gegensatz zu Victoria, die sich nach dem Tod ihres Mannes Albert in ihren Schlössern verkroch, stets unter die Leute begab. Sich zu zeigen war immer ihre wichtigste tägliche Verpflichtung, und zu ihrer Sichtbarkeit in der Menge trug auch ihre einzigartige, unveränderliche Kleidung bei. Wie oft wurde sie für ihre Hüte im Stil der Fünfzigerjahre gescholten, für die Pastellfarben ihrer Kleider, für die Handtasche, die sie immer dabeihat! Aber ihre Kleider sind nie aus der Mode gekommen, gerade weil sie nie modisch waren: Ihr unverkennbarer, nüchterner, vollkommen funktionaler Stil ist es auch, an dem man sie sofort in der Menge erkennt. Nicht einmal ihre Frisur hat sie seit den Fünfzigern geändert, dazu genügt ein Blick auf die Briefmarken in ihrer Regierungszeit – eine Frisur, die dafür sorgt, dass man sie auf den Prägungen der Münzen sofort erkennt und die sich perfekt zum Tragen der Kronen und Diademe eignet, die sie zu offiziellen Anlässen tragen muss. Wir wissen nicht, was Elizabeth denkt, welche politischen Ansichten sie hegt, ob sie Labour oder den Tories nähersteht oder welchen der Premierminister, die sie mit der Regierungsbildung beauftragt hat, sie am sympathischsten fand. Sie hat es nie verraten und wird das auch nie tun, sie wird keine Memoiren schreiben, damit wir es erfahren. Ihre Macht existiert so lange wie sie sie nicht ausübt, dank einem Kompromiss, der seit vielen hundert Jahren die Rechte des Parlaments und der Krone regelt, welche bis heute so tun kann, als hätte sie alles in Besitz und unter Kontrolle, dabei besitzt und kontrolliert sie im Grunde nichts mehr. Die Institution, die Elizabeth repräsentiert, mag anachronistisch und feudal erscheinen, doch bedeutungslos ist sie nicht: Die Formel, die das monarchische Staatsoberhaupt mit dem die Demokratie verkörpernden Parlament verbindet, hat zu einer Stabilität geführt, die Großbritannien immun gegen die Verwerfungen in Europa gemacht hat, von der Französischen Revolution über den Faschismus bis hin zum Kommunismus.

Wenn die Queen geht, wird für die britische Monarchie nichts mehr so sein wie vorher. Diese so strenge, abgeschottete, geheimnisvolle, magische Welt hinter den Vorhängen des Buckingham-Palasts, auf die die Touristen auf dem Vorplatz einen Blick zu erhaschen versuchen, wird für immer verschwinden. Verschwinden werden die Pferde, die Kutschen, die Soldaten mit ihren roten Uniformjacken und den Bärenfellmützen, Opfer schnöder Einsparmaßnahmen im Verteidigungshaushalt. Bleiben wird nur die Erinnerung an eine unvergessliche Regierungszeit und an eine außergewöhnliche Frau, die mit einem Lächeln gehen wird, wenn die Zeit gekommen ist, in der Gewissheit, dass sie in Würde ihre Pflicht erfüllt hat, wie ihr Vater es von ihr verlangte.

Teatime
mit der Queen

Eva-Maria Günther

"Commemoratives" für Queen Elizabeth II. sind bis in die Gegenwart populär und die Anlässe dafür zahlreich: Ehe- oder Thronjubiläen und Geburtstage werden verewigt. Die Formen und Dekore spiegeln jeweils eher verhalten den jeweiligen Zeitgeschmack. Einzelne Aufträge hatten hohe Auflagen: So erhielten die Schulkinder anlässlich des silbernen Thronjubiläums 1977 eine Erinnerungstasse oder die Zeitung "The Observer" ließ von Crown Staffordshire eigens "The Observer Silver Jubilee"-Becher herstellen. Angefeuert durch die großen Erfolge ihrer Souvenirkeramik produzieren die Unternehmen fortan auch zu allen anderen Großereignissen im Königshaus Memorabilia. Besonders populär erwiesen sich jene, die mit Prinzessin Diana (1961 – 1997) verbunden waren, etwa zu ihrer Hochzeit mit Prinz Charles (geboren 1948), den Geburten ihrer Söhne und letztlich nach ihrem tragischen Tod. Ihr wurden so viele Erinnerungsstücke gewidmet, dass es nahezu unmöglich ist, alle auszumachen. Seit 1993 bereichert äußerst erfolgreich "Commemorative"-Porzellan den Markt, das ausschließlich "Made in England" ist und vom Royal Collection Trust (Verwaltung der königlichen Schlösser und Kunstsammlungen) herausgegeben und über ausgewählte Geschäfte und den Souvenirladen des Buckhingham-Palastes vertrieben wird. Bis heute sind royale Krönungen, Hochzeiten, Geburten, Jubiläen und andere herausragende Festtage des englischen Herrscherhauses Gegenstand Tausender Erinnerungsstücke, die kommerziell-industriell produziert und von Millionen von königlichen Untertanen und Fans gesammelt werden.
Zu den vielfältigen Massenprodukten dieser Art zählen Löffel, Medaillons, Gläser, Briefbeschwerer, Puzzle, Geschirrtücher, Puppen oder auch Keramik- und Porzellanerzeugnisse wie Teller, Tassen, Becher und Teekannen. Bereits seit dem 17. Jahrhundert werden bedeutende Herrscher des Landes in Keramik festgehalten. 1660, als King Charles II. (1630 – 1685) nach dem Tod seines Gegenspielers Oliver Cromwell (1599 – 1658) auf den englischen Thron zurück gelangte, entstanden erste "Commemoratives". Diese äußerst gesuchten Sammlerobjekte, Teller oder Schalen in Delfter Manier, ziert meist eine einfache Darstellung des Monarchen im Krönungsornat. Die schlichte Ware diente der Propaganda und unterstützte die wiederhergestellte Monarchie – eine Tradition die bis heute andauert.
Ausgelöst durch die Industrielle Revolution blühte auch die englische Keramikindustrie auf. Verbesserte Herstellungstechniken erlaubten hohe Produktionszahlen und mit der Erfindung der Dampflokomotive 1814 gestaltete sich der Transport von Rohstoffen und fertigen Gütern einfacher und schneller. Entscheidenden Anteil an ihrem Erstarken hatte Josiah Wedgwood (1730 – 1795): Er, ein typischer Vertreter seiner Zeit, machte sich mit 29 Jahren mit den "Bell-Works" in Burslem/Stoke-on-Trent in Staffordshire mit einem Töpfereigewerbe selbstständig. Es galt für den Massenmarkt der städtischen Mittelschichten Geschirr zu entwickeln, das weniger kostbar war, als das edle Porzellan von Chelsea, Meissen oder Sèvres, dafür haltbarer und tauglich für die Massenproduktion.
Die englische Grafschaft Staffordshire, mit großen Ton- und reichlich Kohlevorkommen, spezialisierte sich im Laufe der Jahrhunderte auf eine einzige Industrie. Um das Städtchen Stoke-on-Trent erstreckt sich das Zentrum der englischen Keramikherstellung, die "Potteries". Hier entstand seit mindestens 300 Jahren Keramik, die meist wenig elegant und vor allem hitzeempfindlich war, feines Geschirr wurde importiert. Der experimentierfreudige Autodidakt Wedgwood entwickelte zu Beginn der 1760er-Jahre mittels der passenden, reichlich vorhandenen Tonerde ein völlig neues, leichtes und dünnes Steingut. Jene, aufgrund des hellen, cremefarbenen Scherben "Cream Ware" genannte Ware, ähnelte mit ihrer durchschimmernden Bleiglasur dem begehrten kostbaren Porzellan und zeichnete sich demgegenüber durch größere Widerstandsfähigkeit aus. Parallel zur Verbesserung der keramischen Masse kreierte

Silbernes Thronjubiläum
Queen Elizabeth II.
1977
Steingut
Wedgwood Jasperware
Staffordshire, GB
gegründet 1759
Sammlung Marina Minelli Pescara

Teatime mit der Queen

Silbernes Thronjubiläum Queen Elizabeth II.

1978

Steingut

Wedgwood Jasperware

Staffordshire, GB

gegründet 1759

Sammlung Marina Minelli Pescara

Wedgwood einen neuen Stil, indem er dem Geschmackswandel zum Klassizismus folgte, sich von antiken Vorbildern inspirieren ließ und durch Heranziehung von bekannten Entwerfern höchste künstlerische Qualität anstrebte. Sein Markenzeichen wurde die "Jasperware", einfarbige Geschirrstücke mit weißen Reliefs, oft Szenen aus der Antike – und auf "Commemoratives" bis in die Gegenwart weiße Reliefporträts der "Royals". Auf der Suche nach Absatzmärkten wusste sich Wedgwood mit dem Hof King Georgs III. (1761 – 1820) aus dem Hause Hannover und seiner Frau Charlotte (1774 – 1818) gut zu stellen. Nach Lieferung eines Speiseservices an Königin Charlotte hieß die "Cream Ware" bald werbewirksam "Queen's Ware". Durch den Zugang zum Königshof sicherte er sich auch das Interesse von Adel und Aristokratie und die reichen Bankiers und Kaufleute, die Landbesitz erwarben und ihr "Country House" im neuesten Geschmack auszustatten hatten, orderten bei ihm. In der Folge entwickelten sich weitere Töpfereien der Region zu großen Unternehmen oder wurden neu gegründet, darunter Royal Doulton oder Spode, letzteres produzierte vor allem das neu entdeckte, harte Knochenporzellan (bone china). Die Firmen verbesserten kontinuierlich die Herstellungsprozesse und entwickelten viele neue Dekorationsarten. Ende des 18. Jahrhunderts entstand die Transfertechnik, der Metalldruck mit keramischen Farben auf Keramik. Mit dieser Methode konnte erstmals ein Motiv effizient und günstig in hohen Stückzahlen aufgelegt werden. Außerdem erhöhte sich die Erkennbarkeit der aufgedruckten Herrscher.

Schon kurz danach begannen die Briten, Großereignisse aus dem Privatleben der Monarchen durch "Commemorative Ware" zu würdigen und so dazu beizutragen, diese im Andenken der Bevölkerung festzuhalten. Zahllose Töpfe, Teller und Tassen erinnern zum Beispiel an den tragischen Tod der 21-jährigen Prinzessin Charlotte (1796 – 1817) im Jahre 1817. Eine Großproduktion setzte 1838 mit der Inthronisierung von Queen Victoria (1819 – 1901) ein. Der jungen Monarchin wurde viel Respekt und Hochachtung entgegengebracht und die Fabriken brachten anlässlich ihrer Krönung und Hochzeit (1840) Erinnerungsstücke in zunächst noch überschaubaren Mengen auf den Markt. Zugleich stieg die Nachfrage einer wachsenden Mittelschicht, denen diese Produkte quasi eine Teilhabe an den Ereignissen ermöglichten. Victorias große Familie und ihre lange Regentschaft sollten viele Gelegenheiten bieten, Souvenirkeramiken herzustellen: Während Queen Victorias Silbernes Thronjubiläum (1863) noch von der Trauer um ihren zwei Jahre zuvor verstorbenen Gatten überschattet wurde, feierte das ganzen Reich ihre Goldene (1887) und Diamantene Inthronisierung (1897). Ebenso entstanden anlässlich ihrer Reisen Erzeugnisse, die zum Teil von den Städten, die sie besuchte, in Auftrag gegeben wurden. Bis heute repräsentieren jene Tassen, Teller, Krüge, Büsten der Queen nicht nur die viktorianische Lebenswelt, sondern auch die Geschmackswelt der Ära.

Weiteren Aufschwung in der Keramikproduktion brachte die Einführung des Afternoonteas am britischen Hof. Der Legende nach wurde eine Hofdame von Queen Victoria zwischen Lunch und abendlichem Dinner vom Hunger gequält ("having that sinking feeling") und verlangte zum Tee kleine Speisen, ein Ritual, das umgehend von der Queen übernommen wurde. Gleichzeitig hielt der bislang teure, nun aber immer erschwinglichere Tee Einzug in die allgemeine, britische Kultur. In diesem Zusammenhang etablierte sich um 1830 der Afternoontea als eigenständige Mahlzeit, die "Tea-Sets", das heißt Tassen, Untertassen, Teller, Servierplatten sowie Kannen erforderte. Es liegt nahe, dass fortan auch diese zu royalen Ereignissen besonders geziert wurden.

Seit Queen Victoria hatte sich die Herstellung royaler Memorabilia in wachsender Auflagenhöhe etabliert. Diese gab es nun zu fast allen Anlässen im Königshaus. Besonders begehrt bei Sammlern sind Unikate, zu denen eine kuriose Geschichte gehört: Bereits Monate vor der eigentlichen Krönung Edwards VIII.

(1894 – 1972) 1936 begannen die "Potteries" mit der Serienproduktion einer Reihe von Entwürfen. Infolgedessen wurden Tausende Stücke produziert und verkauft, bevor seine Abdankung bekannt gegeben wurde, die ihn frei machte für die Heirat mit der zweifach geschiedene Amerikanerin Wallis Simpson. Die meisten Hersteller änderten daraufhin ihre Waren ab. Die Firma Wedgwood behielt das ursprüngliche Design der Souvenirtasse bei, machte aus E für Edward ein G für George und wechselte das ursprüngliche Farbschema. Aufgrund des großen Erfolges erschien das gleiche Muster 2002 nochmals auf Tassen anlässlich des Goldenen Thronjubiläums von Queen Elizabeth II. Erinnerungsware zum Gedenken an Krönung und Abdankung King Edwards ist selten, wohl auch, weil die ganze Angelegenheit zu dieser Zeit als geschmacklos und peinlich empfunden wurde. Erst mit Queen Elizabeth II. konnten die Keramikfabriken mit ihren "Commemoratives" erneut das Bild einer vereinten und friedlichen königlichen Familie, die bereit ist, sich in den Dienst der Nation zu stellen, präsentieren. Kurzum, die das Gegenteil des skandalösen Ex-Souveräns darstellten.

Nach der Abdankung King Edwards bestieg sein Bruder King Georg VI. (1895 – 1952) den Thron. Als er 1952 starb, folgte ihm seine Tochter Queen Elizabeth II. als Herrscherin. 1953 litt Großbritannien immer noch unter den Folgen des Zweiten Weltkrieges, Städte waren zerstört, Lebensmittel rationiert. Die Krönung einer neuen Königin – schön, jung, gewissenhaft – schien eine strahlende Zukunft zu verheißen. Die Übertragung der Feierlichkeiten sollte das erste wirklich große TV-Ereignis werden, das 300.000 Menschen vor dem Fernseher verfolgten. Getragen von der Aufbruchsstimmung und dem Enthusiasmus der Zeit fertigten die Keramikfabriken in Staffordshire Unmengen von Memorabilia in unterschiedlichen Materialien, neben "Cream Ware" auch in Steingut und Porzellan. Die Queen wurde alleine im Porträt, im Profil und gekrönt abgebildet, oder auch zusammen mit ihrem Ehemann. Daneben erschienen weitere königliche Symbole auf dem Geschirr, etwa die Tudor-Rose, englische Blumen oder jene aus den Ländern des Commonwealth sowie das Wappen des Herrscherhauses. Ein besonderes Souvenir der Firma Paragon stellte die prächtige "Loving cup" aus Porzellan dar, deren beidseitig angebrachte Henkel aus vergoldeten, steigenden Löwen bestehen. In limitierten Auflagen folgten vergleichbare Editionen zu weiteren Anlässen. Die wichtigsten Designer des Landes entwarfen Geschirre für namhafte Firmen, darunter Englands bedeutendste Keramikerin Clarice Cliff für Newport Pottery, Dame Laura Knight für Burleigh oder Eric Ravilious für Wedgwood. Viele Keramikwerke nutzten das offizielle, durch die British Pottery Manufactured Trust Federation, dem Interessensverband der Keramikindustrie, genehmigte Design. Mit Unterstützung lokaler Firmen kauften zahlreiche englische Gemeinden Erinnerungswaren, um diese an Schulen auszugeben.

Die Queen sollte die bei ihrer Krönung in sie gesetzten Hoffnungen des Volkes nicht enttäuschen: Heute steht sie mitsamt ihrer Familie blendend da. Von ihren Umfragewerten können Politiker nur träumen, selbst die entschiedensten Monarchiekritiker haben gegen sie, den Glanzpunkt des nationalen Lebens, brillant, ausdauernd, unverwüstlich, kaum etwas in der Hand. Die Eskapaden ihrer vier Kinder sind weitgehend vorbei. Die Enkelgeneration mit Prinz William und seiner Frau Kate an der Spitze macht meist positive Schlagzeilen. Die Geburten der "Royal Babys" und der dazugehörige Medientrubel trägt das Übrige dazu bei. Das brachte eine wahre Flut von royalen Devotionalien hervor. Der Markt prosperiert bis heute. Die "Commemorative Potteries" fördern das Ansehen der königlichen Familie als Institution und sie verbreiten das positive Bild des Souveräns als lebendiges Emblem der Nation.

Die Porzellansammlung von Marina Minelli mit ihren Erinnerungsstücken und ihren "Commemorative Potteries" bietet einen einzigartigen Überblick über die Zeit von Queen Elizabeth II.

Goldenes Thronjubiläum
Queen Elizabeth II.
2003
Porzellan
Wedgwood
Staffordshire, GB
gegründet 1759
Sammlung Marina Minelli Pescara

Das Haupt der Queen – Vorbild für Europa

Andreas Hahn FRPSL

Als am 6. Mai 1840 die erste Briefmarke der Welt in Großbritannien offiziell eingeführt wurde und an die Postschalter kam, dürften die beteiligten Personen gewiss nicht geahnt haben, dass die Gestaltung dieses völlig neuen Postwertzeichens für einen sehr langen Zeitraum hinweg das Design und die Erscheinung zahlloser anderer, folgender Briefmarken im In- und Ausland ganz entscheidend prägen würde. Die "Erfindung" der Briefmarke war das Ergebnis einer großen und einschneidenden Postreform, die auf eklatante Missstände im britischen Postwesen zu Beginn des 19. Jahrhunderts reagierte. Dieses war unter dem "Secretary of the Post Office", Sir Francis Freeling, zwar gut ausgebaut worden, litt jedoch unter Missmanagement sowie unter sehr hohen Kosten und Gebühren. Ein kompliziertes, verwirrendes und teures Tarifsystem führte beispielsweise zu der absurden Situation, dass für den Transport eines Briefes bei gleichem Start- und Zielort ganz unterschiedliche Preise verlangt werden konnten, je nach Transportstrecke und -mittel. Auch waren die Gebühren sehr hoch: Ein gewöhnlicher Brief über 100 Meilen etwa kostete den vollen Tageslohn eines Arbeiters, demgegenüber genossen die Mitglieder der beiden Häuser des Parlaments in bestimmten Grenzen jedoch Portofreiheit für ihre Korrespondenz und wickelten deshalb (gegen Bezahlung) oft die Post anderer und bisweilen sogar ganze Firmenkorrespondenzen über ihre kostenlose Privatpost ab. Neben diesem Missbrauch zählte zu den Hauptkostenfaktoren insbesondere die hohe Zahl von Angestellten, die jeden Brief zum Empfänger bringen mussten, um von diesem das Porto zu kassieren. In Großbritannien wie auch in vielen anderen Ländern war es üblich, dass nicht der Absender, sondern der Empfänger den Brief bezahlte. War dieser nicht anzutreffen oder verweigerte die Annahme, hatte die Royal Mail zwar hohe Kosten, jedoch keine Einnahmen – eine höchst unbefriedigende Situation.

1837 hatte der ehemalige Lehrer Rowland Hill (1795 – 1879) eine Denkschrift mit zwei damals revolutionären Ideen vorgelegt: Er schlug ein niedriges Einheitsporto unabhängig von der Entfernung vor, ein Brief bis zu einer halben Unze Gewicht sollte nur einen Penny kosten. Ferner sollte das Porto zukünftig vom Absender mit Hilfe von vorauszubezahlenden "Stempeln" (daher das englische Wort "Stamps") entrichtet werden. Dieses "stamps" sollten auf klebendem Papier verkauft werden.

Hills Thesen wurden durchaus kontrovers diskutiert, der amtierende Generalpostmeister etwa wetterte ebenso wie viele andere Stimmen heftig gegen den Vorschlag. Er konnte sich nicht vorstellen, dass die hohen Einnahmeverluste in Folge des sehr niedrigen Einheitsportos irgendwann durch ein stark erhöhtes Briefaufkommen zu kompensieren sein könnten. Gleichwohl bot man Rowland Hill einen Posten im Schatzamt an, und dort konnte er an die Umsetzung seiner Idee gehen. Für die Gestaltung der neuen "Stamps", die zunächst recht unklar war, schrieb man im Herbst 1839 einen öffentlichen Wettbewerb mit hohen Preisgeldern aus. Dieser Wettbewerb, der dem Gewinner die stolze Summe von 200 Pfund Preisgeld versprach und sich nicht nur an ausgewählte Grafiker, sondern an die breite Bevölkerung richtete, erfuhr einen immensen Zuspruch: Es wurden insgesamt über 2.600 Vorschläge und Designstudien eingereicht, die das weite Feld von laienhaften Skizzen bis hin zu professionellen Entwürfen abdeckten. Die meisten Einreichungen waren allerdings "nur" schriftliche Beschreibungen von Ideen und Vorschlägen. Nur sehr wenige "Muster" waren den Einsendungen beigefügt, in der Form von Aquarellen, Aufklebe-Marken und Briefbögen ("Covers"). Von den Einsendungen betrafen nur 49 Entwürfe die aufklebbare Marke, und von diesen 49 Entwürfen waren offensichtlich nur 19 Einsendungen gut genug, um in die engere Wahl gezogen zu werden. Es war jedoch letztlich keine Einsendung dabei, die gänzlich zu überzeugen vermochte.

Queen Victoria

1819 – 1901, reg. ab 1837

13. März 1841

Archiv für Philatelie Bonn,
Museumsstiftung Post
und Telekommunikation

Das Haupt der Queen – Vorbild für Europa

Hill selbst hatte seine Vorstellungen zuvor folgendermaßen formuliert: "A bit of paper just large enough to bear the stamp, and covered at the back with a glutinous wash which the user might, by applying a little moisture, attach to the back of the letter." Obwohl diese Beschreibung schon in großem Maße den später realisierten Briefmarken entsprach, dachte Hill ganz ursprünglich wohl eher an von der Post zu verkaufende Briefbögen bzw. Briefumschläge, in die ein Wertstempel eingedruckt werden sollte. Schließlich waren es verschiedene Personen, die neben Rowland Hill selbst an der Realisierung der ersten Briefmarke mitarbeiteten: William Wyon war Graveur und Medailleur bei der königlichen Münze. Für verschiedene Münzen und Medaillen hatte er auch den Kopf der Königin Victoria (1819 – 1901) graviert, unter anderem hatte er bereits 1835 das Haupt der damals erst 15-jährigen Kronprinzessin modelliert. Dieser Entwurf wurde zwei Jahre später für die so genannte "City-Medal" von 1837 verwendet, mit der des Einzugs der frisch gekrönten jungen Königin in die City of London gedacht wurde. Im Dezember 1839 wurde Wyon von Rowland Hill eingeladen, um bei der Gestaltung der neuen Wertzeichen mitzuarbeiten. Nach einer Vorgabe von Henry Cole und in Zusammenarbeit mit dem Drucker Charles Whiting entstanden Anfang 1840 zunächst zahlreiche Essays insbesondere für den Prägedruck auf Briefbögen, bei deren technischer Umsetzung es jedoch zu Problemen kam. Zwar wurden diese Entwürfe nicht unmittelbar verwirklicht, doch Wyons Profil-Porträt der jungen, damals 15-jährigen Kronprinzessin mit dem Diadem und den charakteristisch hochgesteckten Haaren fand Eingang in die endgültigen Marken, und auch die späteren Ganzsachen (Briefumschläge mit eingedrucktem Wertzeichen) gehen auf seinen Entwurf zurück. Das berühmte Profil-Porträt wurde als Markenmotiv ausgewählt und von Charles Heath gestochen. Die auf Wertdruck (Banknoten, Aktienpapiere etc.) spezialisierte Druckerei Perkins, Bacon & Petch war in der Lage, den komplizierten, technisch erzeugten Rand und Untergrund fälschungssicher herzustellen, denn das Thema "Fälschungssicherheit" spielte für die Verantwortlichen durchaus eine große Rolle. Dort begann am 1. April 1840 der Druck der One-Penny-Marken (kurz: "Penny Black") sowie kurz danach der Two-Pence-Marken in Bögen zu je 240 Marken. Man hatte sich für die beiden Hauptwerte für die Farben Schwarz (One-Penny-Marke) bzw. Blau (Two-Pence-Marke) entschieden. Durch die in den unteren Ecken der Marke angebrachten Zahlen und Buchstaben kann man übrigens den Platz jeder einzelnen Marke auf dem Druckbogen bestimmen, sie kennzeichnen die entsprechende Reihe bzw. Spalte. Jede Zahlen-Buchstabenkombination kommt also auf jedem Druckbogen nur ein einziges Mal vor. Nach dem Druck musste jeder Bogen mit einer Gummierung versehen werden, am Postschalter schließlich mussten die Marken mit der Schere aus dem Bogen geschnitten werden, eine Perforation gab es zu diesem Zeitpunkt noch nicht. Zunächst produzierte man etwa 600.000 Briefmarken pro Tag, steigerte diese Zahl jedoch bald. Insgesamt wurden von der Penny Black bis Januar 1841 über 68 Millionen Marken gedruckt! Druck sowie die Gummierung der Bögen waren eine gewaltige technische Herausforderung und belegen den führenden Stand des britischen Druckereiwesens Mitte des 19. Jahrhunderts.

One-Penny-Briefmarke
"Penny Black"–
die erste Briefmarke der Welt
London 1840
Archiv für Philatelie Bonn, Museums-
stiftung Post und Telekommunikation

**6-Rappen-Briefmarke
des Kantons Zürich**
1843
Archiv für Philatelie Bonn, Museumsstiftung Post und Telekommunikation

**Ein-Kreuzer-Marke
"Schwarzer Einser"**
München 1847
Archiv für Philatelie Bonn, Museums-
stiftung Post und Telekommunikation

Da man auf den schwarzen Marken den Entwertungsstempel oft nicht gut erkennen konnte und man deshalb Mehrfachnutzungen der Briefmarken befürchtete, wurde die One-Penny-Marke ab Januar 1841 in Rot gedruckt. Bei der parallel produzierten Two-Pence-Marke blieb man hingegen bei der Farbe Blau. Da es 1840 nirgendwo sonst auf der Welt Briefmarken gab, war es selbstverständlich auch nicht nötig, das Ausgabeland auf der Briefmarke zu nennen. Das allgemein bekannte Bildnis der jugendlichen Königin reichte zum Wiedererkennen vollständig aus. Diesem Brauch blieben die Royal Mail bzw. das Schatzamt, mit ausreichend imperialem Selbstbewusstsein ausgestattet, auch unter den folgenden Herrschern treu. Dass die Ur-Ur-Großmutter von Queen Elizabeth II. übrigens entschied, dass ihr Bildnis auf den Briefmarken im Laufe ihrer 60-jährigen Regentschaft niemals geändert werden sollte (und sie also zumindest auf den Briefmarken nicht alterte), trug sicherlich nicht unwesentlich dazu bei, dass das bekannte Konterfei der Königin im Verlaufe der vielen Jahre zu einer Art Ikone, ja der "Marke" im doppelten Sinne einer ganzen, nach ihr benannten Epoche wurde.

Mitte des 19. Jahrhunderts war das Vereinigte Königreich nicht nur politisch und wirtschaftlich, sondern auch technologisch weltweit eine führende Macht. Der rasch einsetzende Erfolg der von Sir Rowland Hill initiierten Postreform und der damit eingeführten neuen Briefmarken wurde deshalb von den Post-verwaltungen vieler Länder weltweit mit Interesse registriert. Schon 1843 folgten mit Brasilien und den Schweizer Kantonen Zürich und Genf die ersten Länder dem britischen Beispiel und gaben eigene Briefmarken heraus. Damit trat die Briefmarke ihren Siegeszug um die Welt an. 1847 gab mit Mauritius die erste Britische Kolonie eigene Briefmarken heraus, und natürlich versuchte man, sich so gut wie eben möglich an das Design des Vorbildes aus dem Mutterland anzulehnen. Der Druck der ersten jeweils 500 Exemplare der "Roten" und der "Blauen Mauritius" erfolgte jedoch unter den erschwerten Bedingungen einer kleinen, weit von den technischen Möglichkeiten des Mutterlandes entfernten Kolonie. Eine einfache Kupferplatte mit den beiden Markenwerten wurde von einem lokalen Graveur und Uhrmacher gestochen, und pro Abzug entstand so nur jeweils ein Exemplar der beiden Marken. Kein Wunder, dass die wenigen erhaltenen Exemplare dieser ersten Auflage, die die Inschrift "Mauritius Post Office" tragen, heute zu den großen Kostbarkeiten der Philatelie zählen.

Nicht nur das Prinzip des aufklebbaren Postwertzeichens, mit dem das Porto vom Absender im Voraus entrichtet werden konnte, wurde weltweit übernommen, sondern auch die Gestaltung der britischen Marken wirkte vorbildhaft. Wenn man sich nicht ebenso wie beim Vorbild für ein Herrscher-bildnis als Markenmotiv entschied, dann kamen im Prinzip noch der Frankaturwert (also eine Ziffer), ein Wappen oder eine Personifikation des herausgebenden Landes in Frage. Das hochrechteckige Format des britischen Vorbildes, der Rahmen mit den Eckfeldern und der Schrift wurde von den ersten Marken des Kantons Zürich (1843) ebenso übernommen wie bei den ersten deutschen Briefmarken, die 1849 vom Königreich Bayern herausgegeben wurden.

Mauritius Freimarke
Queen Victoria mit Diadem
Abdruck von der Original-Druckplatte der
Orangeroten und Blauen Mauritius von 1847
1912 wiederentdeckt
Archiv für Philatelie Bonn, Museums-
stiftung Post und Telekommunikation

Die Zukunft der Krone

Rolf Seelmann-Eggebert

Wird die Queen in absehbarer Zeit zugunsten von Prinz Charles auf die Krone verzichten? Mehrere Jahre lang haben Beobachter des Königshauses jedes Wort von Elizabeth II. auf die Goldwaage gelegt, um herauszubekommen, ob sie eine solche Möglichkeit überhaupt in Betracht ziehen könnte. Angesichts des niederländischen Königshauses schien ihnen eine solche Frage nicht völlig aus der Luft gegriffen zu sein: Sowohl Königin Wilhelmina als auch später Königin Juliana haben bereits zu Lebzeiten das Zepter an ihre jeweiligen Töchter weitergegeben.

(...)

Niemand rechnet damit, dass die Queen eine solche Entscheidung fällen wird. "Sie wird nicht abdanken", verneint auch Hugo Vickers, Biograf und Kenner des britischen Königshauses, diesen Gedanken. "Zwar ist es für Außenstehende schwer, etwas vorherzusagen, aber sowohl beim Krönungseid als auch bei ihrer Rede anlässlich ihres 21. Geburtstages brachte sie eindeutig zum Ausdruck, dass sie diesem Land ein Leben lang dienen werde. Hinzu kommt ihr immer größer werdender Erfahrungsschatz. Jedes Jahr, das vergeht, macht sie wertvoller für Großbritannien. Sie wird als Souverän immer wichtiger."

(...)

Ob die konstitutionelle Monarchie im 21. Jahrhundert noch eine adäquate Staatsform ist, darüber lässt sich trefflich streiten. Im Jahr 1997 wurde von so genannten "Experten" immer wieder mal orakelt, dass Elizabeth II. sogleich Elizabeth die Letzte sein werde. Die Daseinsberechtigung des Königshauses wurde, nicht zuletzt aufgrund der Vielzahl der Skandale und des Lebensstils einiger seiner Mitglieder, von großen Teilen der Bevölkerung stark in Zweifel gezogen. Die Selbstverständlichkeit, dass die Briten hinter ihrer Monarchie stehen, schien plötzlich nicht mehr so ausgemacht wie zuvor. Doch diese Stimmung hat sich in den letzten Jahren wieder zugunsten der Krone gewandelt.

(...)

Aber trotz der durchschnittlich 70-prozentigen Zustimmung, die die Königin von der britischen Bevölkerung erfährt, gibt es natürlich auch in England Rufe, die die Institution der Monarchie als eine anachronistische Staatsform betrachten. "Es gibt heute gegenüber der Monarchie eine ganze Menge mehr Opposition als vor zwanzig oder dreißig Jahren", analysiert der Historiker Ben Pimlott die Stimmungslage um die Jahrtausendwende. "Das heißt, der Republikanismus ist zu Beginn des 21. Jahrhunderts in Großbritannien eine respektable Position, während man ihn vor ein, zwei Generationen als irrelevant und verschroben betrachtete. Tatsächlich bilden die Republikaner aber nur eine sehr kleine Minderheit. Trotz der Tumulte der 90er Jahre mit Charles und Diana, den Scheidungen und dem Feuer in Windsor Castle ist die Zahl derjenigen, die die Monarchie abschaffen wollen, nach wie vor sehr gering. Das bedeutet jedoch nicht, dass die Zahl nicht größer werden kann. Wenn man sich zum Beispiel Australien ansieht, dann ist die Monarchie dort von großer Popularität in den 50er Jahren auf eine Position zurückgefallen, die in naher Zukunft den Übergang zur Republik erwarten lässt. Man sollte deshalb nicht zu sicher sein, bloß weil gegenwärtig nur eine so kleine Minderheit republikanische Gefühle hegt. Aber von einer unmittelbaren Gefahr kann nicht die Rede sein. Und keine politische Partei wagt es, sich dafür einzusetzen, weil es für sie dann an der Wahlurne gefährlich würde."

**Queen Elizabeth II.
bei Ihrer Thronrede im
Britischen Parlament**

3. Dezember 2008

Sie trägt das King George IV State Diadem.

Die Zukunft der Krone

Hauptsächlich sind es derzeit nur Intellektuellenkreise und politische Randgruppen, von denen der republikanische Gedanke getragen wird. Oder einzelne Persönlichkeiten wie zum Beispiel der 2014 verstorbene Tony Benn, der dem linken Labour-Flügel angehörte und schon vor vielen Jahren versuchte, die Monarchie per Parlamentsbeschluss abzuschaffen. Von einer republikanischen Bewegung, die maßgeblichen Einfluss auf die Meinungsbildung der breiten Bevölkerung hätte, kann jedoch nicht die Rede sein.

(...)

Selbst für eine Königin gilt es, die Hand am Puls der Zeit zu haben. In dieser Hinsicht hat die Queen, auch dank der Hilfe von Prinz Philip und Prinz Charles, in der jüngeren Vergangenheit eine gute Antenne entwickelt. Nach den heftigen Turbulenzen der 80er und 90er Jahre ist es ihr gelungen, die "Firma Windsor" wieder in ruhigere Gewässer zu manövrieren.

Alle Monarchien müssen sich mit der Frage auseinandersetzen, was es heißt, "mit der Zeit zu gehen", und befinden sich dabei auf einer permanenten Gratwanderung. Einerseits stehen sie für eine Tradition, die gewahrt werden möchte, andererseits gibt es Traditionen, die sich überholt haben – so heißt es in jeder Situation erneut das richtige Maß zu finden.

Queen Elizabeth II. bei ihrer Thronrede im Britischen Parlament
3. Dezember 2008
Sie trägt die Imperial State Crown.

Wenn auch mit großem Bedauern, nahm die Queen 1997 Abschied von der Britannia. Die königliche Jacht war zu einem Stück Luxus geworden, an dem sich gelegentlich Debatten erhitzt hatten und das im Hinblick auf den Betriebsaufwand nicht mehr zu vertreten war. Auch die Tatsache, dass die Queen inzwischen Steuern zahlt und die Zuwendungen des Parlaments an das Königshaus, die so genannte "Civil List" gekürzt wurden, zeugt von dem Bemühen um eine neue Bescheidenheit. Obwohl sie sich in vieler Hinsicht treu geblieben ist, hat die Königin im Laufe ihrer langen Regierungszeit viel dazugelernt. So hat sie beispielsweise keinerlei Hemmschwelle mehr, beim Besuch eines Ortes auch in den Pub zu gehen, um ihren Untertanen aus nächster Nähe zu begegnen. Und wenn es auch heute immer noch passieren kann, dass sie sich in einem Geschäft mit großem Interesse Plastikgeschirr anschaut, weil sie so etwas noch nie im Leben gesehen hat, entwickelt Elizabeth in den vergangenen Jahrzehnten eine Volksnähe, die ihren Vorfahren noch völlig unvorstellbar gewesen wäre.

Natürlich gibt es auch Seiten ihrer Person, die sich nie ändern werden. Dazu gehört sicherlich ihr Kleidungsstil, der sich über all die langen Jahre durch Zeitlosigkeit auszeichnet, so als ob es Moden für sie gar nicht gibt. Und ungeachtet aller inzwischen praktizierten Volksnähe hasst sie direkten Körperkontakt. In dieser Hinsicht unterscheidet sie sich völlig von ihrer verstorbenen Schwiegertochter Diana, der die spontane Art, andere Menschen in den Arm zu nehmen, große Sympathien eingebracht hatte.

Sechs Jahrzehnte steht Elizabeth II. bereits an der Spitze des seit über tausend Jahren existierenden englischen Königshauses. Im Unterschied zu all ihren Vorgängern und Vorgängerinnen ist sie eine Monarchin, deren eigenes Leben und das ihrer Familie nicht nur unter den Augen der breiten Öffentlichkeit im eigenen Land stattgefunden hat, sondern rund um den gesamten

Erdball beobachtet wurde. Die Macht der Medien hat sie eingeholt. Sei es das Fernsehen, dessen Anfänge sie erlebt und auch gefördert hat, oder die mittlerweile enorm einflussreiche Boulevardpresse – die Geheimnisse um die Royals fanden und finden Eingang in jedes Wohnzimmer, das dies möchte. Das Leben der Queen ist von Schlagzeilen begleitet, auch wenn sie selbst überwiegend Anlass für positive gab – sei es ihre Vermählung mit dem Herzog von Edinburgh, ihre Krönung in jungen Jahren, die Hochzeit von Charles und Diana, die auch auf sie als Mutter zurückstrahlte, ihr silbernes, oder auch ihr Diamantenes Thronjubiläum 2012. Anders verhielt es sich jedoch mit ihrer Familie. So standen die Jahre 1981 bis 1997 ganz und gar unter dem Zeichen der Berichterstattung über das Haus Windsor, obwohl es seinerzeit vor allem um Charles und Diana ging und die Queen als regierende Königin und Mutter des Thronfolgers eher im Hintergrund stand. In den erste Jahren profitierte sie noch von der Medienpräsenz des Paares, doch ab 1987 bis zum Tode Dianas warfen die Geschichten der Kinder auch Schatten auf das Königshaus im Allgemeinen. Die Amerikaner produzierten "Dallas", die Briten "Palace", hieß es damals. Und Presse und Fernsehen hatten einen nicht zu unterschätzenden Anteil daran, dass man zwar nicht die Königin selbst, wohl aber das Haus Windsor dem Untergang nahe sah. Die Queen dürfte die Entwicklung tief getroffen haben. Immer unter der Beobachtung der Medien zu stehen hat jedoch im Falle der Queen noch einen ganz anderen Aspekt, auf den Robert Lacey hinweist: "Die Macht der Königin ist eine psychische Macht. Sie besitzt eine große Anziehungskraft, die sich in endlosen Zeitungsseiten manifestiert, die ihr hier und anderswo gewidmet werden. Boulevardzeitungen in Großbritannien, die nie auf die Idee kämen, einen Korrespondenten in Washington zu finanzieren, unterhalten große Teams für die Berichterstattung über die königliche Familie. Man kann sagen, es handelt sich um eine Art nationaler oder gar internationaler Seifenoper. Dabei sollten wir nicht vergessen, dass uns Seifenopern viel Wahres über die Natur des Menschen und über die menschliche Gesellschaft erzählen. Und die Leute sehen die Königin als jemanden, der diese Züge verkörpert. Eine Rückerinnerung daran, dass im Herzen eines unpersönlichen Regierungssystems, vor dem die Menschen immer mehr Angst haben, einige menschliche Grundwerte schlummern."

Elizabeth II. kann auf wahrhaft bewegte Jahrzehnte zurückblicken. Es war ihr nicht in die Wiege gelegt, Königin zu werden, aber sie hat ihr Amt dann in guten wie in schlechten Zeiten mit großer Würde, Souveränität und Pflichtbewusstsein ausgeübt. Als junges Mädchen hatte sie von einem Leben auf dem Lande geträumt. Diesen Traum hat die Abdankung ihres Onkels zunichtegemacht. Umso verständlicher erscheint es, dass sie nun, in fortgeschrittenem Alter, den von ihr nicht gerade geliebten Buckingham-Palast verlässt, um sich nach Windsor oder in die ländliche Umgebung von Balmoral oder Sandringham zurückzuziehen. Natürlich immer in Begleitung ihrer roten Aktenkoffer.

aus: Ludwig Schubert / Rolf Seelmann-Eggebert, Majesty Elizabeth II., Köln 2002, Seite 113 – 138
gekürzt und geringfügig bearbeitet von Peter Backes

Kronjuwelen
Imperial State Crown
London

"Omaggio ad Elisabetta II" Maggio 2016

Pelizzari

Elizabeth ist schön, sie ist wirklich schön

Luciano Pelizzari
im Gespräch mit
Meinrad Maria Grewenig

Was begeistert Dich, Luciano Pelizzari, an der Person Queen Elizabeth II.?
Pietro Annigoni hat sein Leben lang in einem Tagebuch Gedanken und Ideen aufgezeichnet. 1954 als Queen Elizabeth II. ihm im Buckingham Palast für ein Porträt Modell stand, hielt er in seinem Tagebuch fest: "Elizabeth ist schön. Sie ist wirklich schön." Die Fotografien von Dorothy Wilding bestätigen dies eindrucksvoll. Vor einigen Jahren versuchte ich mir vorzustellen, wie es wäre, ein Porträt von Elizabeth zu malen, und die Emotionen, die ich als Künstler bei diesem Gedanken empfand, waren sehr bewegend. Ich habe Tausende von Fotografien der Queen betrachtet und fand Elizabeth II. immer faszinierend. Für mich hat ihre royale Rolle nie ihre charmante Aura beeinträchtigt.

Wann entbrannte Deine Liebe zu den "Bildern" von Queen Elizabeth II.?
Im Jahr 1974 betrat ich zum ersten Mal das Atelier von Pietro Annigoni in Borgo degli Albizi Nr. 8 in Florenz, zwanzig Jahre nach der Entstehung des berühmten Porträts von Queen Elizabeth II. Mein Wissen über das Werk des großen Künstlers Annigoni beschränkte sich damals auf die frühen Jahre seiner Arbeit, und ich hätte nie gedacht, dass ich jemals ein Schüler von ihm werden könnte. Der Schriftsteller Jo Collarcho, ein Freund des Künstlers und ebenfalls in Florenz geboren, zeigte mir das Porträt der Queen von Annigoni zum ersten Mal in den späten 60er Jahren – und ich muss gestehen, dass ich sprachlos gewesen bin. Es ist nachvollziehbar, dass es der Traum eines jeden Künstlers ist, Elizabeth II. zu porträtieren.

Was war der Auslöser dieser Liebe?
Ich bin Porträtmaler, ich habe meine künstlerischen Wurzeln in der größten Schule der Porträtmalerei des 20. Jahrhunderts. Pietro Annigoni hat ein Meisterwerk geschaffen. In Deutschland wird dieses Meisterwerk zum ersten Mal im Weltkulturerbe Völklinger Hütte gezeigt. Elizabeth ist eine Persönlichkeit mit einer großen geheimnisvollen und faszinierenden Ausstrahlung. Der Charme, den sie mit ihrem Lächeln ausstrahlt, hat viel zu ihrer großen Beliebtheit beigetragen.

Wie war Dein Verhältnis zu Pietro Annigoni?
In einem Brief an seinen Freund, den Florentiner Schriftsteller Jo Collarcho (Pseudonym von Giovanni Francesco Martelloni), lobte Annigoni eines meiner Porträts von Collarcho. Es war das erste von vielen liebevollen Komplimenten, die ich von dem großen Meister erhalten habe. Annigoni hatte ein unglaubliches Charisma, das mich sehr beindruckt hat. Im Atelier duzte er alle seine Schüler, nur mich siezte er und nannte mich Mister Pelizzari. Ich schrieb insgesamt fünf Bücher über meinen Maestro.

Wie entstand Deine Sammlung und über wie viele Jahre hast Du diese Sammlung aufgebaut?
Man stellte eines Tages dem Historiker Bernard Berenson die Frage: "Was macht den wahren Kunstkenner aus?" Der berühmte Wissenschaftler antwortete ohne zu zögern: "Er hat die meisten Fotos im Archiv!" Dieser Satz ist mir lange im Gedächtnis geblieben und ich habe ihn immer irgendwie mit meiner Jugend in Verbindung gebracht. Ich wuchs mit sieben Geschwistern in glücklichen, aber einfachen Verhältnissen auf. Ich besaß kein einziges eigenes Buch. Als ich 17 Jahre alt war, schrieb ich mein erstes Geschichtsbuch. Um die Informationen dafür zu sammeln, musste ich Hunderte von Kilometern per Anhalter fahren. Damals wurde meine Leidenschaft für das Sammeln von Dokumenten und Sammlerstücken geweckt. In den folgenden Jahren habe ich Material aller Art gesammelt und mein persönliches Archiv angelegt,

Queen Elizabeth II.
Luciano Pelizzari *1950
2018
Bleistift auf Papier
Sammlung Luciano Pelizzari

Elizabeth ist schön, sie ist wirklich schön

das nach und nach immer umfangreicher wurde. Sammeln bedeutet Wissen! Wissen eröffnet neue Horizonte. Große Ausstellungen wie diese im Weltkulturerbe Völklinger Hütte zu organisieren, erfordert Fantasie und viel Material. Wenn Sie Werke haben, die ich "charismatisch" nenne, werden die Ausstellungen sehr sehr schön. Meine Leidenschaft zwingt mich, Dinge und Zusammenhänge zu erforschen. Und "Erforschung" heißt eben auch Beschaffung von neuem Material – im meinem Archiv ist noch viel Platz.

Aus wie vielen Sammelgebieten besteht die Sammlung Luciano Pelizzari, aus der wir schöpfen? Wie groß ist diese Sammlung?
Die Sammlung Luciano Pelizzari umfasst viele Objekte. Vor einigen Jahren schenkte ich meiner Heimatstadt eine Bibliothek mit etwa 4.000 Bänden zum Thema "Lombardei". In der gestifteten Sammlung befanden sich auch Hunderte von historischen Originaldokumenten. Meine Sammlung umfasst Gemälde, Grafiken, Fotografien, Skulpturen, eine große Anzahl an Briefmarken, Münzen (auch zu Queen Elizabeth II.) und eine Bibliothek mit über 30.000 Bänden. Das Material, das ich in meinem Archiv habe und das Elizabeth II. betrifft, sind Exponate für Ausstellungen. In den letzten Jahren habe ich mehr Freude an der Organisation von Ausstellungen gehabt, als Zeit in meinem Atelier zu verbringen. Das Elizabeth-Projekt ist aus einer Reihe von Begleitumständen entstanden und hat mich zu sehr interessanten Anschaffungen und Entdeckungen – viel Leidenschaft und Sensibilität, die sich an Schönheitsidealen orientiert. Die Entscheidungen, was zu erwerben ist, sind immer instinktiv.

Ist die Sammlung abgeschlossen?
Exponate der Ausstellung über Queen Elizabeth II., die ich im Sommer 2017 im Palazzo della Gran Guardia in Verona gezeigt habe, werden jetzt im Weltkulturerbe Völklinger Hütte präsentiert. Und die Ausstellung ist viel reicher geworden. Neue Ausstellungen werden wiederum weitere Neuanschaffungen erfordern und das wird nie enden. Der Sammler stirbt mit vielen unerfüllten Wünschen. Vor seinem Tod wandte sich der große Eugène Delacroix an Gott und beschwerte sich: "Ich habe noch viele Jahre der Malerei im Kopf, warum lässt du mich jetzt sterben?" Ein Sammler erwirbt nicht für sich selbst, sondern er will Werke und Sammlerstücke, die für die zukünftige Generation bestimmt sind, sichern. Der Sammler denkt immer an die Zukunft – und nie an seinen Egoismus. Die Suche nach Schönheit in jeglicher Form hat mich ein Leben lang bewegt, und ich hoffe sehr, dass sie das auch in einem anderen Leben tun wird.

Luciano Pelizarri
(rechts) vor dem Originalgemälde
von Pietro Annigoni
Sammlung Luciano Pelizzari

Wie geht es weiter?
Täglich bekomme ich lockende Angebote, die jeden glücklich machen würden, aber ich muss oft ablehnen. Meine Leidenschaft für Queen Elizabeth II. wird niemals enden. Auch dann nicht, wenn die letzte Ausstellung irgendwo auf der Welt einmal zu Ende gehen wird. In einer Welt voller Wertekrisen, einer Welt, die immer größere finanzielle Mittel zum Überleben erfordert, sind Angebote, komplette Sammlungen zu erwerben, an der Tagesordnung, und in Krisenzeiten kommen Meisterwerke auf den Markt, die vorher ängstlich verborgen gehalten worden sind.

Du hast Deine Sammlung im vergangenen Jahr im Palazzo della Gran Guardia in Verona gezeigt. Wie waren die Reaktionen?
Die Ausstellung in Verona war für mich eine enorme Kraftanstrengung. Sie entstand auch dank der großartigen Unterstützung durch meine Partnerin Silvia Martin. Auch dem damaligen Bürgermeister von Verona, Flávio Tosi, bin ich dankbar, dass er mir die Ausstellung in einem der schönsten Palazzi

Veronas ermöglichte. Dieses Wunder wurde von mehreren Personen begleitet, die dafür sorgten, dass alles perfekt war. Die unmittelbare, instinktive Reaktion von Dir, Meinrad Maria Grewenig, auf die Ausstellung in den Salons des Palazzos, war ähnlich wie die von vielen begeisterten Besuchern. Der Satz von Dir, Meinrad Maria Grewenig, "... ist sensationell!", hat ausgereicht, um uns für die viele Arbeit zu entschädigen.

Ist die Queen für Dich Großbritannien?
Meine Studienjahre in Florenz machten mich mit der Frau bekannt, die Königin von England geworden war. Annigoni verbrachte viele Jahre in England und kannte Elizabeth II. und die ganze königliche Familie gut. Sein Bild von Elizabeth erreichte eine weltweite Anerkennung, das 1954 entstandene Porträt nährt diesen außergewöhnlichen Erfolg immer noch. Zwischen 1988 und 1990 lebte ich lange Zeit in England: Schon damals begann mein Projekt mit dem königlichen Porträt von 1954 und alles drehte sich um dieses sensationelle Gemälde. In den zwei Jahren entdeckte ich eine Welt, deren Inhalt ich nicht kannte. Dadurch entstand in meinem Herzen eine Sehnsucht, die mein Leben bewegte. Ich schrieb ein Buch über "Pietro Annigoni. Die englische Periode: 1949 – 1971 (veröffentlicht 1991)". Dieses Buch machte das Werk dieses Genies bekannt. Bis heute gilt das Buch als Standardwerk und hat den Platz von Annigoni in der Geschichte begründet. Elizabeth II. ist eine lebende Legende, ihre persönliche Geschichte hat die Geschichte Englands geprägt. Elizabeth verdankt alles ihrer Nation, aber England ohne Elizabeth hätte ein anderes Schicksal gehabt, und wir sind nicht sicher, wie sich dieses Schicksal ohne die Queen entwickelt hätte.

Du bist Maler. Was begeistert Dich künstlerisch an der Queen?
Jeder Künstler hat sein eigenes Lieblingsmodell, sowohl technisch als auch stilistisch. Die Technik ist bei Künstlern ohne Genie zentrales Kriterium, aber Technik allein reicht nicht aus, um ein Meisterwerk zu vollenden. Queen Elizabeth II. wurde in ihrem Leben tausende Male porträtiert, aber nur ein Gemälde hat die Zeit überlebt. Was hat dieses Bild, was andere nicht haben? Annigoni hatte eine ganze Reihe sehr günstiger Umstände auf seiner Seite und nutzte sie wie in einem großen Theater. Aber Annigoni besaß auch die Gabe des Genies und eine weltweit einzigartige technische Begabung. Qualitäten, die er mit seiner kraftvollen Art der Modellbeobachtung verbinden konnte. Annigoni hat in der Stille seines Ateliers jene teuflischen Kräfte freigesetzt, die ich mir auch bei einem Paganini vorstelle, während er im Dialog mit dem Teufel stand.
Den Morgen hatte er immer für den Besuch von Studenten und Freunden und die Bearbeitung der Post reserviert, aber am Nachmittag durfte niemand sein Atelier betreten, in dem er arbeitete. Als Elizabeth für Annigoni Modell stand, wusste sie genau, mit wem sie die eineinhalb Stunden verbrachte, die jede Sitzung ungefähr dauerte. Sie hatte viele Porträts des italienischen Malers gesehen und wusste auch, dass er ein sehr freundlicher Künstler war. Aber das war nicht alles: Die Queen selbst machte der Fishmongers Company in London (dort wo alle Porträts der Queen aufbewahrt werden) klar, dass es an der Zeit sei, den italienischen Künstler zu beauftragen und wie wir heute wissen, lief nicht alles glatt. Wenn ich irgendwo vor einem Porträt stehe, verweile ich länger, wenn ich vor einem Meisterwerk stehe, beginnen meine Knie zu zittern. Eines Tages verbrachte ich in London zu viel Zeit vor den Porträts von Thomas Lawrence. Das alarmierte die Aufseher der Nationalgalerie und sie ließen mich wissen, dass meine Zeit für Lawrence vorbei sei. In der großen Halle der Fishmongers Company verbrachte ich einige Stunden vor dem Porträt von Queen Elizabeth II. Der Fotograf von Camera Press hat lange gebraucht, um das Gemälde zu fotografieren. Vielleicht war auch er vom magnetischen Blick seiner Königin verzaubert...

**The Stamps of the Queen
Homage to Elizabeth II**

5. August bis 15. September 2017
Palazza della Gran Guardia, Verona

Britische Kronjuwelen mit der St. Edward's Crown und weiteren Hoheitszeichen | 1953

Queen Elizabeth II.

20. November
Hochzeit von Elizabeth und Philip Mountbatten in Westminster Abbey.

Elizabeth unternimmt mit ihrer Familie die erste große Weltreise.

13. Oktober
Mit 14 Jahren hält Prinzessin Elizabeth die erste Radioansprache. Sie ist gerichtet an die Kinder von Großbritannien.

8. Mai
Elizabeth und Margaret nehmen in London inkognito an den Feierlichkeiten zum Kriegsende teil.

6. Februar
Während einer Reise von Elizabeth nach Kenia stirbt ihr Vater König Georg VI. Die junge Prinzessin wird zur Königin ernannt.

2. Juni
Die Königin wird gekrönt in einer Phase der Sparpolitik. Die Krönung wird von Millionen Menschen am TV verfolgt.

21. August
Prinzessin Margaret wird geboren. Die Familie wohnt in Picadilly in der City von Westminster.

14. November
Elizabeths erstes Kind, Charles, wird geboren. Tochter Anne folgt zwei Jahre später.

21. April
Prinzessin Elizabeth wird geboren.

1926 **1930** **1939** **1940** **1945** **1947** **1948** **1952** **1953** **1956** **196**

1. September
Beginn des Zweiten Weltkrieges

1940–1941
Luftschlacht um England

8. Mai
Ende des Zweiten Weltkrieges

Oktober
Beginn der Suez-Krise: Großbritannien zieht Truppen im östlichen Mittelmeer zusammen.

13. Augu
In Berlin wird die Mauer gebaut, die Ost- von Wes berlin trennt.

18. Mai
Die Queen
besucht zum
ersten Mal
die Bundes-
republik
Deutschland.
Die Queen
regiert
länger als
ein Jahrzehnt
und bereist
die gesamte
Welt. Sie
repräsentiert
Großbritannien
und den
Common-
wealth.

21. Juni
Geburt
von Enkel
Prinz William

Das
Schreckens-
jahr:
Die Queen
nennt 1992
ihr Annus
Horribilis.
Zwei ihrer
Kinder lassen
sich scheiden.
Ein Buch zur
unglücklichen
Ehe von
Prinzessin
Diana
erscheint.
Ein Großfeuer
vernichtet
Teile von
Schloss
Windsor.

31. August
Prinzessin
Diana kommt
bei einem
Autounfall
in Paris ums
Leben.

März – Juni
Queen Mum
stirbt im
Alter von
101 Jahren.
Goldenes
Thronjubiläum
der Queen.

Juni – Juli
Queen
Elizabeth II.
feiert das
Diamantene
Thronjubiläum
und eröffnet
die Olympi-
schen Spiele.

21. April
Die Queen
feiert ihren
92. Geburts-
tag: Lang lebe
die Queen!

1963   1965   1982   1989   1992   1997   2001   2002   2012   2016   2018

. November
tentat auf
n ameri-
nischen
äsidenten
hn F.
nnedy in
llas, Texas.

Mai – Juni
Falkland-
Krieg:
Britische
Streitkräfte
erobern
die von
Argentinien
besetzten
Falkland-Inseln
zurück.

10. November
Fall der
Berliner
Mauer

11. September
Bei den Terror-
anschlägen vom
11. September auf
das World Trade
Center und das
Pentagon in den
USA kommen rund
3.000 Menschen
ums Leben.

23. Juni
Brexit: Im
Vereinigten
Königreich
stimmen
51,89 % der
Wähler für
den Austritt
aus der Euro-
päischen Union.

Queen Elizabeth wird geboren

1926

Am 21. April 1926 haben der Herzog und die Herzogin von York, Albert George (1985 – 1952) und Elizabeth Bowes-Lyon (1900 – 2002), eine frohe Nachricht zu verkünden : Prinzessin Elizabeth Alexandra Mary Windsor ist geboren! Die Prinzessin steht in der britischen Thronfolge auf Rang drei – eine spätere Regentschaft ist eher unwahrscheinlich. Vier Jahre später kommt ihre Schwester Prinzessin Margaret zur Welt. Die beiden Prinzessinnen werden im Schloss der Familie in London erzogen.

Als der Großvater von Prinzessin Elizabeth, King Georg V., 1936 stirbt, tritt ihr Onkel Edward VIII. die Regentschaft an, dankt jedoch im selben Jahr ab und Elizabeths Vater wird als Georg VI. König des Vereinigten Königreichs Großbritannien und Nordirland. Das sogenannte "Jahr der drei Könige" verändert das Leben der jungen Prinzessin: Sie steht nun an erster Stelle in der Thronfolge und wird ab jetzt auf ihre spätere Aufgabe vorbereitet: Sie studiert Verfassungsgeschichte, Recht, Französisch, Religion, Kunst und Musik. Auch in ihrer Freizeit ist sie sehr aktiv: Prinzessin Elizabeth entdeckt ihre Leidenschaft für das Reiten und Schwimmen und tritt den Pfadfindern bei.

Die Queen wird in eine bewegte Zeit hinein geboren. Europa versucht das Trauma des Ersten Weltkrieges abzuschütteln. England ist innen- und außenpolitisch in Turbulenzen. Soziale Spannungen im Innern führen zu Unruhen und Streiks, außenpolitisch will sich das Empire neu orientieren: Das Commonwealth of Nations stärkt die Autonomie ehemaliger Kolonialstaaten. Mit dem Schwarzen Freitag 1929 beginnt die Weltwirtschaftskrise, die Europa und die Welt an den Rand des Abgrunds bringt. In Deutschland führt wirtschaftliche Not zum Aufkommen des Nationalsozialismus. 1933 sind der Brand des Reichstages und die Machtübertragung an Adolf Hitler der Startpunkt der Schreckensherrschaft der Nationalsozialisten. Die faschistische Bewegung breitet sich in Europa aus. Die Nürnberger Gesetze von 1935 sind der Ausgangspunkt der Judenverfolgung. Die Olympischen Spiele 1936 in Berlin sind eine Demonstrations-veranstaltung des Hitler-Regimes, ein Jahr später entsteht in Deutschland das erste Konzentrationslager. In Russland werden Andersdenkende von Josef Stalin in Arbeitslager gesperrt. Konrad Zuse erfindet den ersten Computer.

Queen Elizabeth wird geboren

1926

Am 21. April 1926 wird Elizabeth geboren. Sie ist das erste Kind von Albert, Duke of York, und Lady Elizabeth Bowes-Lyon.
BBC London | 92 Jahre Queen Elizabeth II in pictures

Sovereign Queen Victoria
1889
Gold
Sammlung Luciano Pelizzari

Queen Elizabeth wird geboren

1927

Die spätere Queen wird dem Volk vorgestellt: König und Königin präsentieren das Baby auf dem Balkon des Buckingham-Palastes.
BBC London | 92 Jahre Queen Elizabeth II in pictures

Krönung King Edward VII.
1902
Porzellan
Blairs Coronation
gegründet um 1880
Sammlung Marina Minelli Pescara

Queen Elizabeth wird geboren

1928

Das berühmte königliche Winken von Elizabeth ist bereits in jungen Jahren erkennbar.
BBC London | 92 Jahre Queen Elizabeth II in pictures

Krönung King Edward VII.
1902
Porzellan
The Foley China
Stoke-on-Trent, GB
gegründet 1850
Sammlung Marina Minelli Pescara

Queen Elizabeth wird geboren

1929

Spazierfahrt in einem Park: Der königliche Nachwuchs gut eingepackt bei einem Ausflug.

BBC London | 92 Jahre Queen Elizabeth II in pictures

Sovereign King George V.
1912
Gold
Sammlung Luciano Pelizzari

Queen Elizabeth wird geboren

1930

Auch bei gesellschaftlichen Ereignissen ist die junge Prinzessin anwesend, wie bei einem königlichen Turnier im Olympia in London.
BBC London | 92 Jahre Queen Elizabeth II in pictures

Sovereign Queen Victoria
1882
Gold
Sammlung Luciano Pelizzari

Queen Elizabeth wird geboren

1931

Ladylike herausgeputzt zeigt sich die junge Prinzessin
bei einer Hochzeit in Balcombe.
BBC London | 92 Jahre Queen Elizabeth II in pictures

Krönung King George VI.
12. Mai 1937
Sammlung Luciano Pelizzari

Queen Elizabeth wird geboren

1932

Auch eine Prinzessin muss sich dem typischen britischen Wetter stellen – und dabei Haltung bewahren.
BBC London | 92 Jahre Queen Elizabeth II in pictures

Krönung King George VI.
12. Mai 1937
Sammlung Luciano Pelizzari

Queen Elizabeth wird geboren

1933

Der Buckingham-Palast ist ihre Schule: Elizabeth und ihre 1930 geborene Schwester Margaret Rose werden zuhause ausgebildet.
BBC London | 92 Jahre Queen Elizabeth II in pictures

Silbernes Thronjubiläum King George V.
1935
Porzellan
Paragon
Stoke-on-Trent, GB
gegründet 1919
Sammlung Marina Minelli Pescara

Queen Elizabeth wird geboren

1934

Willkommene Abwechslung vom Leben im Palast: Elizabeth und
ihre Schwester bei einer Pferdeschau im Londoner Olympia.
BBC London | 92 Jahre Queen Elizabeth II in pictures

Krönung King George VI.
1937
Porzellan
J. Kent
Stoke-on-Trent, GB
gegründet 1913
Sammlung Marina Minelli Pescara

Queen Elizabeth wird geboren

1935

Die Prinzessin wird Lilibet genannt. Man sagt über sie:
"Sie war ein fröhliches Mädchen, sehr einfühlsam und wohlerzogen".
BBC London | 92 Jahre Queen Elizabeth II in pictures

Krönung King George VI.
1937
Porzellan
J. Kent
Stoke-on-Trent, GB
gegründet 1913
Sammlung Marina Minelli Pescara

Queen Elizabeth wird geboren

1936

Die Eltern sind erfreut: Die Prinzessinnen erfüllen perfekt die
Anforderungen des königlichen Protokolls.

BBC London | 92 Jahre Queen Elizabeth II in pictures

Krönung King George VI.
12. Mai 1937
Sammlung Luciano Pelizzari

Queen Elizabeth wird geboren

1937

Nach der Krönung ihres Vaters, King George VI., zeigt sich Elizabeth mit ihrer Mutter auf dem Balkon des Buckingham-Palastes.

BBC London | 92 Jahre Queen Elizabeth II in pictures

Krönung King George VI.
1937
Porzellan
J. Kent
Stoke-on-Trent, GB
gegründet 1913
Sammlung Marina Minelli Pescara

Krönung King George VI.
1937
Porzellan
Sampson Smith
Staffordshire, GB
gegründet 1846
Sammlung Marina Minelli Pescara

1938

Mit Beginn des Zweiten Weltkriegs 1939 siedelt die königliche Familie aus Sicherheitsgründen auf Schloss Windsor um. Von dort aus hält Elizabeth im Alter von 14 Jahren ihre erste Radioansprache an die Kinder von Großbritannien, die als Folge des Blitzkrieges nach Amerika, Kanada oder in andere Länder evakuiert worden waren. Sie spricht ihnen Mut und Zuversicht zu. Als Teenager von 16 Jahren absolviert sie ihren ersten öffentlichen Auftritt bei den Grenadier Guards, einem der fünf Leibregimenter, zu deren Ehrenoberst sie von ihrem Vater ernannt worden ist. Im letzten Kriegsjahr tritt sie in die Frauenabteilung des britischen Heeres ein. Ein großes Ereignis bewegt am 20. November 1947 das Vereinigte Königreich und die Welt: Prinzessin Elizabeth heiratet in der Westminster Abbey den 26 Jahre alten Lieutenant Philip Mountbatten, ihren dritten Cousin. Die beiden sind ein ungewöhnliches Paar: Er ist weder Engländer noch vermögend. Zur Hochzeit sind 2.000 Gäste geladen, 200 Millionen Menschen verfolgen die Zeremonie an den Radiogeräten. Am 14. November 1948 wird das erste Kind, Prinz Charles, geboren, zwei Jahre später folgt Prinzessin Anne.

Europa und die Welt ächzen unter dem Zweiten Weltkrieg. Im natio-
nalsozialistischen Deutschland werden unter Adolf Hitler Millionen
Juden getötet. Zwischen dem 7. September 1940 und dem 16. Mai
1941 findet die "Luftschlacht um England" statt. Mehr als 43.000
Zivilisten fallen dem "The Blitz" genannten Angriff zum Opfer, über
eine Million Häuser werden zerstört. 1943 werden bei der Schlacht
von Stalingrad Hunderttausende getötet. Im gleichen Jahr gewinnen
die Alliierten an allen Fronten die Oberhand. D-Day: 1944 landen
amerikanisch-britisch geführte Truppen an der Küste Nordfrank-
reichs. Der Zweite Weltkrieg endet am 7. Mai 1945 mit der Kapitu-
lation Hitler-Deutschlands. Die Bilanz des Zweiten Weltkrieges
ist verheerend: 50 Millionen Menschen haben seit 1939 ihr Leben
verloren, sechs Millionen Menschen wurden Opfer des national-
sozialistischen Rassenwahns. Nach dem Krieg atmet die Welt durch.
Die drei Westmächte und die Sowjetunion teilen Deutschland in
vier Besatzungszonen auf. Die britische Besatzungszone umfasst
den Nordwesten Deutschlands mit Schleswig-Holstein und die
Rhein-Provinz mit Aachen, Düsseldorf und Köln.

Die Hochzeit der Queen

1938

Ein Jahr vor Beginn des Zweiten Weltkrieges hat sich die königliche Familie für ein Foto im Schlossgarten aufgestellt.
BBC London | 92 Jahre Queen Elizabeth II in pictures

Six Pence King George V.
1936
Silber
Sammlung Luciano Pelizzari

Krönung King George VI.
1937
Porzellan
Sampson Smith
Staffordshire, GB
gegründet 1846
Sammlung Marina Minelli Pescara

Die Hochzeit der Queen

1939

Freizeitspaß: Die königlichen Schwestern lassen an einem Teich ein Flugzeugmodell zu Wasser.
BBC London | 92 Jahre Queen Elizabeth II in pictures

King Edward VIII.
1937
Steingut
Burleigh
Stoke-on-Trent, GB
gegründet 1851
Sammlung Marina Minelli Pescara

Die Hochzeit der Queen

1940

In einer Radioansprache grüßt Prinzessin Elizabeth Kinder, die nach Amerika, Kanada oder in andere Länder evakuiert worden sind.
BBC London | 92 Jahre Queen Elizabeth II in pictures

Six Pence King George VI.
1940
Silber
Sammlung Luciano Pelizzari

Die Hochzeit der Queen

1941

Während des Krieges lebt Elizabeth auf Schloss Windsor. "Wir gingen für ein Wochenende und blieben fünf Jahre", sagt sie später.
BBC London | 92 Jahre Queen Elizabeth II in pictures

Krönung King George VI.
1937
Steingut
Crown Ducal
Staffordshire, GB
gegründet 1915
Sammlung Marina Minelli Pescara

Die Hochzeit der Queen

1942

Prinzessin in Uniform: Elizabeth tritt 1937 den Pfadfindern bei.
BBC London | 92 Jahre Queen Elizabeth II in pictures

Half Penny King George VI.
1942
Kupfer
Sammlung Luciano Pelizzari

Die Hochzeit der Queen

1943

Im Hintergrund: Prinzessin Elizabeth besucht während des Krieges mit ihrem Vater King George VI. ein Militärcamp.

BBC London | 92 Jahre Queen Elizabeth II in pictures

One Penny King George VI.
1940
Bronze
Sammlung Luciano Pelizzari

Die Hochzeit der Queen

1944

Prinzessin Elizabeth folgt interessiert den Erklärungen eines Offiziers in der National Sea Scouts-Ausstellung in London.

BBC London | 92 Jahre Queen Elizabeth II in pictures

Half Penny King George VI.
1944
Bronze
Sammlung Luciano Pelizzari

Die Hochzeit der Queen

1945

Im letzten Kriegsjahr tritt Elizabeth der Frauenabteilung
des britischen Heeres bei. Sie lernt Lastwagen fahren.
BBC London | 92 Jahre Queen Elizabeth II in pictures

Krönung King George VI.
1937
Steingut
Myott.Son & Co.
Stoke-on-Trent, GB
gegründet 1898
Sammlung Marina Minelli Pescara

Die Hochzeit der Queen

1946

Traurige Pflichten einer Prinzessin: Elizabeth bei einer
Kranzniederlegung in London am Volkstrauertag.
BBC London | 92 Jahre Queen Elizabeth II in pictures

One Penny King George VI.
1946
Bronze
Sammlung Luciano Pelizzari

Die Hochzeit der Queen

1947

Hochzeit in der Westminster Abbey: Am 20. November 1947 heiratet Elizabeth ihren dritten Cousin, Lieutenant Philip Mountbatten.
BBC London | 92 Jahre Queen Elizabeth II in pictures

**Hochzeitsprogramm Princess Elizabeth
und Lieutenant Philip Mountbatten**
20. November 1947
Westminster Abbey
Sammlung Marina Minelli Pescara

Die Hochzeit der Queen

1948

Im Jahr 1948 ist es soweit: Ihr erstes Kind, Sohn Charles, wird geboren.
BBC London | 92 Jahre Queen Elizabeth II in pictures

Princess Elizabeth und Lieutenant Philip Mountbatten
20. November 1947
Westminster Abbey
Sammlung Marina Minelli Pescara

Die Hochzeit der Queen

1949

Normalität einer jungen Ehe: Prinzessin Elizabeth eröffnet
ein Urlaubszentrum in Hampshire.
BBC London | 92 Jahre Queen Elizabeth II in pictures

**Familienbild mit Princess Elizabeth
und Lieutenant Philip Mountbatten**
20. November 1947
Westminster Abbey
Sammlung Marina Minelli Pescara

1950

Der Gesundheitszustand des Königs verschlechtert sich zunehmend und Elizabeth übernimmt immer mehr royale Pflichten. Während einer Reise des jungen Ehepaares nach Afrika verstirbt der König und Elizabeth wird am 6. Februar 1952 vom Accession Council zur Queen ernannt. Am 2. Juni 1953 findet die Krönung statt. Die Krönungszeremonie von Elizabeth II. folgt einem ähnlichen Muster wie die Krönungen der Könige und Königinnen vor ihr, in der Westminster Abbey und unter Beteiligung der Peerage und des Klerus. Für die neue Queen sind jedoch mehrere Teile der Zeremonie deutlich

Die Jahre nach dem verheerenden Zweiten Weltkrieg und der Niederschlagung des Faschismus in Europa sind geprägt von dem tiefen Wunsch nach Stabilisierung der politischen und wirtschaftlichen Verhältnisse und der Rückkehr zu gesellschaftlicher Normalität. Aber auch im Bündnis der Siegermächte, die Deutschland in Besatzungszonen unter sich aufgeteilt haben, zeigen sich bald erste Risse, die sich im Verlauf von wenigen Jahren zum sogenannten "Kalten Krieg" zwischen Ost und West ausweiten. Kapitalismus im Westen, die Zeit des Wirtschaftswunders und des Aufbaus nach dem Krieg stehen den kommunistisch orientierten Staatsordnungen in Osteuropa gegenüber. Massive Fluchtbewegungen der Bevölkerung von Ost nach West sind ein Auslöser für die Gründung der DDR. Eine der weltpolitischen Konsequenzen dieser Konfrontation ist der Ausbruch des Koreakrieges 1950, der die Menschen weltweit nur fünf Jahre nach dem Ende des Zweiten Weltkrieges in Kriegsangst versetzt. Die Großmächte USA und Sowjetunion stehen sich erstmals direkt gegenüber.

Die Krönung der Queen

1950

Erneutes Mutterglück: 1950 wird das zweite Kind von Elizabeth und Philip, Tochter Anne, geboren.

BBC London | 92 Jahre Queen Elizabeth II in pictures

100 Jahre gummierte Briefmarke
6. Mai 1940
Sammlung Luciano Pelizzari

1951

Die junge Familie lebt in Clarence House, London. Der Vater von Elizabeth, King George VI., ist unheilbar an Krebs erkrankt.

BBC London | 92 Jahre Queen Elizabeth II in pictures

Six Pence King George VI.
1951
Silber
Sammlung Luciano Pelizzari

Die Krönung der Queen

1952

Im Februar erfährt Elizabeth während einer Reise vom Tod ihres Vaters, des Königs. Sie kehrt als neue Queen nach London zurück.
BBC London | 92 Jahre Queen Elizabeth II in pictures

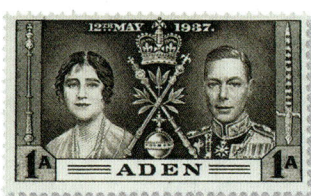  

Krönung King George VI.
12. Mai 1937
Sammlung Luciano Pelizzari

Die Krönung der Queen

1953

Die Krönung von Elizabeth: Das Fernsehen überträgt live, Millionen folgen gebannt den flimmernden Bildern auf der Mattscheibe.
BBC London | 92 Jahre Queen Elizabeth II in pictures

Krönung Queen Elizabeth II.
1953
Porzellan
Paragon
Stoke-on-Trent, GB
gegründet 1919
Sammlung Marina Minelli Pescara

Die Krönung der Queen

1954

Zurückgekehrt von einer anstrengenden Reise durch die Länder
des Commonwealth grüßt die königliche Familie vom Balkon des
Buckingham-Palastes.

BBC London | 92 Jahre Queen Elizabeth II in pictures

Two Shillings Queen Elizabeth II.
1953
Kupfer-Nickel
Sammlung Luciano Pelizzari

One Shilling Queen Elizabeth II.
1953
Kupfer-Nickel
Sammlung Luciano Pelizzari

Die Krönung der Queen

1955

Die hohe Politik gibt sich die Ehre: Premierminister Sir Winston Churchill begrüßt die Queen zu einem Dinner in Downing Street 10.
BBC London | 92 Jahre Queen Elizabeth II in pictures

Krönung Queen Elizabeth II.
2. Juni 1953
Sammlung Luciano Pelizzari

Die Krönung der Queen

1956

Mutter und Sohn beim Ausflug: Elizabeth und Sohn Charles schlendern – mit Hund natürlich – durch den Park von Schloss Windsor.
BBC London | 92 Jahre Queen Elizabeth II in pictures

Five Shillings Queen Elizabeth II.
1956
Silber
Sammlung Luciano Pelizzari

Die Krönung der Queen

1957

Elizabeth nach ihrer ersten Weihnachtsansprache an die Nation, in der sie einige Zeilen aus "The Pilgrim's Progress" zitiert hat.
BBC London | 92 Jahre Queen Elizabeth II in pictures

Krönung Queen Elizabeth II.
1953
Steingut
Wedgwood Jasperware
Staffordshire, GB
gegründet 1759
Sammlung Marina Minelli Pescara

1958

Die junge, königliche Familie wächst: Nach fast einer Dekade Regentschaft wird am 19. Februar 1960 Prinz Andrew, Elizabeths drittes Kind, geboren. Zwei Jahre später eröffnet die Queen's Gallery im Buckingham-Palast. Gezeigt werden Kunstschätze aus der königlichen Sammlung. Sie ermöglichen der Bevölkerung einen Einblick in das royale Leben. Am 10. März 1964 kommt Prinz Edward zur Welt. Die Familie ist komplett.

Elizabeth und Philip unternehmen zahlreiche Staatsbesuche auf der ganzen Welt. Elizabeths oberstes Ziel ist es, die Einheit des Commonwealth zu stärken und nach außen zu repräsentieren. 1965 reisen sie und Philip zu einem Staatsbesuch nach Deutschland. Es ist das erste Mal nach 52 Jahren, dass ein britischer Monarch deutschen Boden betritt. Empfangen wird sie von Bundespräsident Heinrich Lübke. Auf der Fahrt durch Berlin und München jubeln ihr Tausende vom Straßenrand zu. Ob im eigenen Land oder in der Ferne, die Queen wahrt politische Neutralität – setzt aber durchaus eigene Akzente.

Auch nach dem Krieg und in Zeiten wachsenden Wohlstandes in
Europa kommt die Welt nicht zur Ruhe. Die Krise um den Suez-Kanal
bringt sie an den Rand eines Atomkrieges. Großbritannien zieht
Truppen im östlichen Mittelmeer zusammen, muss aber schließlich
zur Lösung des Konfliktes durch die UN abziehen. Die Kultur ist im
Umbruch: In allen Ländern lehnt sich die Jugend gegen die nach
Wohlstand strebenden Eltern auf. Neue Stars geben den Ton an:
Elvis Presley, Bill Haley und James Dean heißen die neuen Idole.
Die Menschheit bricht in den Weltraum auf. Auch hier ein Wettlauf
der Systeme: Mit Juri Gagarin als erstem Menschen im Weltraum
liegt die Sowjetunion 1961 vorne. Im gleichen Jahr wird die Mauer in
Berlin gebaut und die Stadt geteilt. In den USA ist John F. Kennedy
der jüngste Präsident aller Zeiten. Die Kuba-Krise stellt ihn gleich vor
schwere Aufgaben: Wieder steht die Welt an der Schwelle zu einem
Weltkrieg. Die Sowjets, die Atomraketen auf Kuba stationiert hatten,
lenken ein. Am anderen Ende des Globus, in Vietnam, treten die USA
in einen Krieg ein, der Indochina vernichten wird. 1963 wird Präsident
Kennedy in Texas ermordet.

Die Queen als Mutter

1958

England, das Land von Kohle und Stahl: Die Queen besucht zum ersten Mal ein Kohlebergwerk - sie fährt auch unter Tage.

BBC London | 92 Jahre Queen Elizabeth II in pictures

Queen Elizabeth II.
18. Juni 1959
Sammlung Luciano Pelizzari

Die Queen als Mutter

1959

Herrin und Hund: Sugar, der berühmteste Corgi von Queen Elizabeth II., schaut auf zur Königin.

BBC London | 92 Jahre Queen Elizabeth II in pictures

Krönung Queen Elizabeth II.
1953
Porzellan
Tuscan
Stoke-on-Trent, GB
gegründet 1898
Sammlung Marina Minelli Pescara

Die Queen als Mutter

1960

Nach 103 Jahren ist Prinz Andrew das erste Kind einer regierenden Monarchin in Großbritannien.

BBC London | 92 Jahre Queen Elizabeth II in pictures

Six Pence Queen Elizabeth II.
1957
Kupfer-Nickel
Sammlung Luciano Pelizzari

Die Queen als Mutter

1961

Mutter und Sohn hoch zu Ross: Queen Elizabeth und Prince Charles durchstreifen den königlichen Park von Schloss Windsor.
BBC London | 92 Jahre Queen Elizabeth II in pictures

Half Crown Queen Elizabeth II.
1961
Kupfer-Nickel
Sammlung Luciano Pelizzari

Die Queen als Mutter

1962

Der Leopardenfellmantel, den Elizabeth trägt, weckt den Protest der Naturschützer – danach verschwindet er im königlichen Schrank.
BBC London | 92 Jahre Queen Elizabeth II in pictures

Krönung Queen Elizabeth II.
1953
Porzellan
Barratt's
Staffordshire, GB
gegründet 1756
Sammlung Marina Minelli Pescara

Die Queen als Mutter

1963

Auf einem Schimmel nimmt Elizabeth an der Trooping the Colour Ceremony teil. Später fährt sie in einer komfortablen Kutsche vor.
BBC London | 92 Jahre Queen Elizabeth II in pictures

Krönung Queen Elizabeth II.
1953
Porzellan
Sidney British Anchor
Stoke-on-Trent, GB
gegründet 1884
Sammlung Marina Minelli Pescara

Die Queen als Mutter

1964

Ob im eigenen Land oder in der Ferne, die Queen wahrt politische Neutralität – setzt aber durchaus eigene Akzente.
BBC London | 92 Jahre Queen Elizabeth II in pictures

Krönung Queen Elizabeth II.
1953
Porzellan
Tuscan
Stoke-on-Trent, GB
gegründet 1898
Sammlung Marina Minelli Pescara

Die Queen als Mutter

1965

Die Queen wird 39 Jahre alt. Prince Edward ist ein Jahr vorher zur Welt gekommen. Die königliche Familie trifft sich im Garten.

BBC London | 92 Jahre Queen Elizabeth II in pictures

Medaille Queen Elizabeth II.
1965
Kupfer-Nickel
Sammlung Luciano Pelizzari

1966

1969 wird erstmals eine filmische Dokumentation über die britische Königsfamilie produziert. Darin werden unter anderem Szenen abseits des Protokolls und aus dem Familienleben der Queen gezeigt – die Queen privat. Im Vereinigten Königreich wird der Film von über 40 Millionen Zuschauern gesehen. Im selben Jahr wird Charles in einer feierlichen Zeremonie zum Prince of Wales gekrönt. Nach eigener Aussage hat sie mit dieser Zeremonie gewartet, bis sie sich sicher sein konnte, dass ihr Sohn sich der Bedeutung dieses Staatsaktes bewußt ist. Als ältester männlicher Nachkomme ist er der direkte Thronfolger. Die Queen unternimmt zahlreiche Reisen durch das Commonwealth und besucht als erster regierender britischer Monarch Australien und Neuseeland. Staatsempfänge prägen ihr Bild in der Öffentlichkeit: Insgesamt zwölf amerikanische Präsidenten hat die Queen in ihrer bisherigen Regierungszeit empfangen. Sie trifft sich aber nicht nur mit hohen Politikern, sondern auch mit den Menschen aus der Bevölkerung, mit denen sie am Rande des offiziellen Protokolls ins Gespräch kommt.

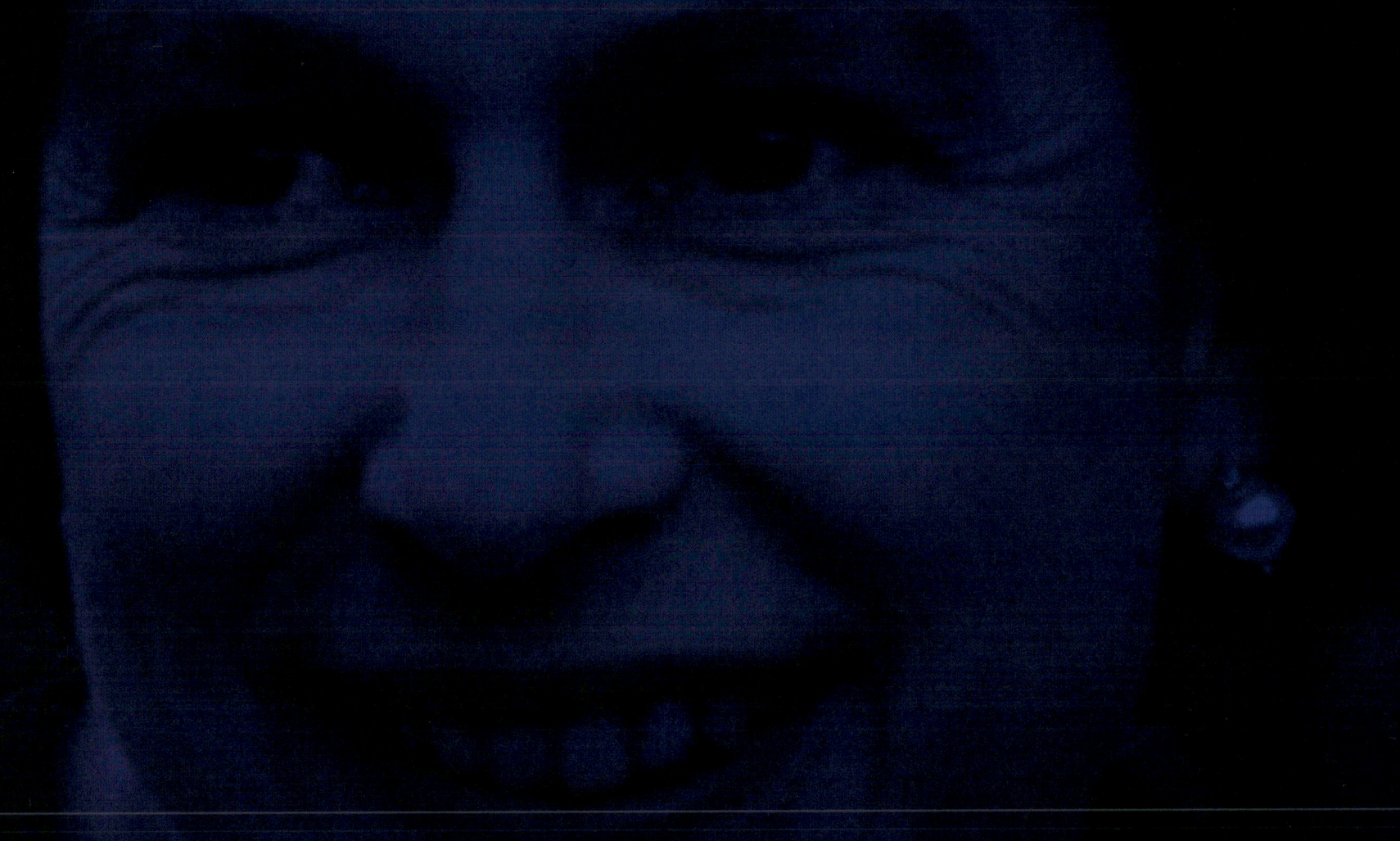

Die Gesellschaft verändert sich sichtbar – ausgehend von Großbritannien schwappt eine neue Modewelle auf den Kontinent: Junge Frauen tragen Miniröcke oder Jeans, Männer lassen ihre Haare bis auf die Schultern wachsen. Eine neue Kultur ist geboren. Diese neue Kultur äußert sich auch im politischen Verhalten der jungen Generation: Beim Besuch des Schahs in Berlin kommt es zu heftigen Protesten, der Student Benno Ohnesorg wird erschossen – der Auftakt zur Revolte der jungen Menschen, der berühmten 1968er. Gleichzeitig flammen Kriegsherde in Asien, Afrika, Lateinamerika und dem Nahen Osten auf. Jahre der Unruhe brechen an – in Deutschland geprägt durch den Terrorismus der Baader-Meinhof-Gruppe. Aber es deutet sich auch weltweit ein Klima des Ausgleichs der politischen Blöcke an: Willy Brandt forciert die Aussöhnung mit dem Ostblock, die USA beenden 1973 den Krieg in Vietnam, Nixon trifft sich mit Mao Tse-tung. 1969 betritt mit dem Amerikaner Neil Armstrong der erste Mensch der Mond.

Die Queen offiziell und privat

1966

Nach dem Sieg im Endspiel der Fußballweltmeisterschaft gegen Deutschland überreicht die Queen den Coupe Jules Rimet an Bobby Moore.

BBC London | 92 Jahre Queen Elizabeth II in pictures

One Penny Queen Elizabeth II.
1965
Bronze
Sammlung Luciano Pelizzari

1967

Die Queen bei einer Gartenparty im königlichen Krankenhaus in Chelsea zum 50-jährigen Bestehen des Women-in-Active-Service.
BBC London | 92 Jahre Queen Elizabeth II in pictures

Queen Elizabeth II. mit Symbolen
verschiedener Landesteile
7. Februar 1966
Sammlung Luciano Pelizzari

Die Queen offiziell und privat

1968

Die königliche Familie entspannt in den ersten Sonnenstrahlen des Frühlings im Park von Schloss Windsor.
BBC London | 92 Jahre Queen Elizabeth II in pictures

One Penny Queen Elizabeth II.
1967
Bronze
Sammlung Luciano Pelizzari

Three Pence Queen Elizabeth II.
1967
Nickel-Messing
Sammlung Luciano Pelizzari

Half Penny Queen Elizabeth II.
1967
Bronze
Sammlung Luciano Pelizzari

Die Queen offiziell und privat

1969

Queen Elizabeth krönt ihren Sohn Charles zum Prince of Wales.
BBC London | 92 Jahre Queen Elizabeth II in pictures

Queen Elizabeth II. mit Symbolen
verschiedener Landesteile
7. Februar 1966
Sammlung Luciano Pelizzari

Die Queen offiziell und privat

1970

Hoher Staatsbesuch: Präsident Richard Nixon mit Frau Pat.
Zwölf amerikanische Präsidenten hat die Queen empfangen.
BBC London | 92 Jahre Queen Elizabeth II in pictures

Bahamas
100 Jahre Stadt Nassau
30. Januar 1961
Sammlung Luciano Pelizzari

Sarawak
Queen Elizabeth II.
1. Juni 1955
Sammlung Luciano Pelizzari

Die Queen offiziell und privat

1971

Krankenbesuch: Die Queen kommt zurück vom Krankenbett von Prinzessin Anne, die sich einer Notoperation unterziehen musste.
BBC London | 92 Jahre Queen Elizabeth II in pictures

Antigua
Charakteristische Denkmäler der Insel
1. November 1966
Sammlung Luciano Pelizzari

Die Queen offiziell und privat

1972

Immer bei der Arbeit: Auch wenn die Queen nicht in London weilt, arbeitet sie täglich am Schreibtisch.

BBC London | 92 Jahre Queen Elizabeth II in pictures

Britisches Antarktisches Territorium
1. Februar 1963
Sammlung Luciano Pelizzari

Die Queen offiziell und privat

1973

Die Königin und ihre Hunde: Die Queen besaß mehr als 30 Corgis.
Heute hat sie noch zwei dieser Hunde – Holly und Willow.
BBC London | 92 Jahre Queen Elizabeth II in pictures

Half New Penny Queen Elizabeth II.
1971
Bronze
Sammlung Luciano Pelizzari

10 Cents Queen Elizabeth II.
1973
Nickel
Sammlung Luciano Pelizzari

Die Queen offiziell und privat

1974

Gutgelaunt feiert Queen Elizabeth ihren 48. Geburtstag
auf Schloss Windsor.
BBC London | 92 Jahre Queen Elizabeth II in pictures

Britisches Antarktisches Territorium
1971
Sammlung Luciano Pelizzari

One New Penny Queen Elizabeth II.
1974
Bronze
Sammlung Luciano Pelizzari

Die Queen Ikone Englands

1975

In einer Phase, in der das Vereinigte Königreich von politischen Krisen und wirtschaftlicher Not geplagt ist, feiert die Queen 1977 ihr 25. Thronjubiläum. Über eine Million Menschen bejubeln den königlichen Umzug entlang der Straße. 1981 findet die Hochzeit von Prinz Charles und der 20-jährigen Diana Spencer in der St. Paul's Cathedral statt. Mit der Erlaubnis, dieses Ehebündnis einzugehen, bricht Elizabeth mit althergebrachten Traditionen und ebnet den Weg für ein modernes Königshaus. Aus der Ehe gehen die Söhne Prinz William (geboren 1982) und Prinz Harry (geboren 1984) hervor. Im gleichen Jahr werden während einer Militärparade Schüsse auf die reitende Queen abgefeuert. Man stellt fest, dass der Schütze Platzpatronen verwendet hatte und keine Gefahr für sie bestand. 1992 ist ein schweres Jahr für die Queen: Sie nennt es ihr "Annus horribilis", ihr Schreckensjahr. Bei einem Großbrand in Schloss Windsor wird das Gebäude stark beschädigt und wertvolle Kunstwerke werden zerstört. Großer Empfang 1995 im Hafen von Kapstadt: Die Queen besucht Südafrika – auch hier schlägt ihr eine riesige Welle der Sympathie entgegen.

Eine Ära, geprägt von großen Namen: Deutschland erlebt den politischen Wandel im Wechsel der Bundeskanzler: Auf Helmut Schmidt folgt Helmut Kohl. In den USA stolpert der Präsident Richard Nixon über die Watergate-Affäre. Ihm folgt sieben Jahre später Ronald Reagan im Präsidentenamt, ein ehemaliger Hollywood-Schauspieler. Der "King" Elvis Presley stirbt 1977. England kämpft um die Falkland-Inseln: Nachdem argentinische Truppen die Inselgruppe besetzt haben, lässt London seine Kriegsflotte auslaufen und erobert die Falklands zurück. Der Kommunismus gerät ins Wanken: In der polnischen Stadt Danzig setzen die Arbeiter unter Lech Walesa das Recht auf freie Gewerkschaften durch. Das Ereignis ist der Auslöser von einer ganzen Lawine sozialpolitischer Umwälzungen. Mit Michail Gorbatschow und seiner Glasnost-Bewegung wird neben der Auflösung der Sowjetunion auch die Deutsche Einheit und die Eingliederung der DDR in die Bundesrepublik befördert. In Südafrika wir mit Nelson Mandela der erste Schwarze an die Spitze der Regierung gewählt.

Die Queen Ikone Englands

1975

Die Queen steht neben einer Eiche, die sie in Tokio gesetzt hat.
Bäume pflanzen gehört zu den königlichen Pflichten.
BBC London | 92 Jahre Queen Elizabeth II in pictures

Königliche Silberne Hochzeit
20. November 1972
Sammlung Luciano Pelizzari

Die Queen Ikone Englands

1976

An ihrem 50. Geburtstag spaziert die Queen mit Sohn Edward und ihrem Ehemann durch den Garten von Schloss Windsor.

BBC London | 92 Jahre Queen Elizabeth II in pictures

50 Dollars Queen Elizabeth II.
1976
Kupfer-Nickel
Sammlung Luciano Pelizzari

Die Queen Ikone Englands

1977

An ihrem 25-jährigen Thronjubiläum tritt die Queen eine Reise durch Großbritannien an. In zehn Wochen besucht sie 36 Grafschaften.
BBC London | 92 Jahre Queen Elizabeth II in pictures

God Save the Queen
Sex Pistols
27. Mai 1977
Jamie Reid *1947
London

Die Queen Ikone Englands

1978

Queen Elizabeth II. begutachtet eine Kuh. Ihr werden viele lebende
Tiere geschenkt, darunter Vögel, Jaguare und ein Elefant.
BBC London | 92 Jahre Queen Elizabeth II in pictures

Two New Pence Queen Elizabeth II.
1977
Bronze
Sammlung Luciano Pelizzari

Queen Elizabeth II.
1977
Silber
Sammlung Luciano Pelizzari

Die Queen Ikone Englands

1979

Die Queen besucht den Oman und spaziert mit Geleitschutz durch die Straßen der Hauptstadt Muscat.

BBC London | 92 Jahre Queen Elizabeth II in pictures

Silbernes Thronjubiläum Queen Elizabeth II.
1977
Porzellan
Wedgwood
Staffordshire, GB
gegründet 1759
Sammlung Marina Minelli Pescara

Silbernes Thronjubiläum Queen Elizabeth II.
1977
Porzellan
Broadhurst
Staffordshire, GB
gegründet 1847
Sammlung Marina Minelli Pescara

Die Queen Ikone Englands

1980

Mit einem Rudel ihrer Corgis wandert die Queen querfeldein
während des Pferderennens von Windsor.
BBC London | 92 Jahre Queen Elizabeth II in pictures

Hochzeit Prince Charles und Lady Diana
1981
Porzellan
Broadhurst
Staffordshire, GB
gegründet 1847
Sammlung Marina Minelli Pescara

Silbernes Thronjubiläum Queen Elizabeth II.
1977
Porzellan
Wedgwood
Staffordshire, GB
gegründet 1759
Sammlung Marina Minelli Pescara

1981

Alljährlich besucht die Queen das Rennen von Ascot. Mit Erfolg:
Bei 22 Rennen stellte sie den Gewinner.
BBC London | 92 Jahre Queen Elizabeth II in pictures

Hochzeitsprogramm Prince Charles und Lady Diana
29. Juli 1981
St. Paul's Cathedral
Sammlung Marina Minelli Pescara

Die Queen Ikone Englands

1982

Die Queen greift oft zum Fotoapparat. Hier fotografiert sie mit ihrer goldenen Rollei bei einer Reise durch die Südsee.
BBC London | 92 Jahre Queen Elizabeth II in pictures

Silbernes Thronjubiläum Queen Elizabeth II.
1977
Porzellan
Churchill
Stoke-on-Trent, GB
gegründet 1898
Sammlung Marina Minelli Pescara

Die Queen Ikone Englands

1983

Queen Elizabeth nimmt die Ehrengarde in Kenia ab. Sie hat fast alle Länder des Commonwealth besucht.
BBC London | 92 Jahre Queen Elizabeth II in pictures

Hochzeit Prince Charles und Lady Diana
1981
Steingut
Wedgwood Jasperware
Staffordshire, GB
gegründet 1759
Sammlung Marina Minelli Pescara

1984

Familienfoto mit der Königinmutter, der Queen Elizabeth II.,
Prinz William, Prinz Harry und Prinz und Prinzessin von Wales.
BBC London | 92 Jahre Queen Elizabeth II in pictures

One Pound Queen Elizabeth II.
1983
Nickel-Messing
Sammlung Luciano Pelizzari

Die Queen Ikone Englands

1985

Queen Elizabeth II. grüßt in Uniform zu Pferd die königlichen Garden bei der Trooping the Colour Ceremony in London.

BBC London | 92 Jahre Queen Elizabeth II in pictures

Five Pence Queen Elizabeth II.
1987
Kupfer-Nickel
Sammlung Luciano Pelizzari

1986

Der Besuch der Queen in China schreibt Geschichte: Niemals vorher hatte ein britischer Monarch die Chinesische Mauer betreten.
BBC London | 92 Jahre Queen Elizabeth II in pictures

60. Geburtstag Queen Elizabeth II.
21. April 1986
Sammlung Luciano Pelizzari

1987

In ihrer Weihnachtsansprache erinnert die Queen an die tödlichen Bombenanschläge der IRA in Enniskillen, County Fermanagh.
BBC London | 92 Jahre Queen Elizabeth II in pictures

Das Viktorianische Zeitalter
8. September 1987
Sammlung Luciano Pelizzari

Die Queen Ikone Englands

1988

Ganz Gentleman: Der Duke von Edinburgh hilft Queen Elizabeth II.
beim Ausstieg aus einer Kutsche, ein Geschenk Australiens.
BBC London | 92 Jahre Queen Elizabeth II in pictures

Queen Elizabeth II.
1985
Andy Warhol 1928 – 1987
Siebdruck auf Papier

Die Queen Ikone Englands

1989

Die Queen begrüßt US-Präsident Ronald Reagan mit Frau Nancy beim Besuch im Buckingham-Palast.

BBC London | 92 Jahre Queen Elizabeth II in pictures

100 Dollars Queen Elizabeth II.
1989
Gold
Sammlung Luciano Pelizzari

Die Queen Ikone Englands

1990

Queen Elizabeth II. in Ascot beim King George VI. und Queen
Elizabeth Diamanten-Tag – mit kostbarer Diamantenbrosche.
BBC London | 92 Jahre Queen Elizabeth II in pictures

150 Jahre Penny Black
3. März 1990
Sammlung Luciano Pelizzari

Die Queen Ikone Englands

1991

Alles unter Kontrolle: Queen Elizabeth II. dirigiert den niederländischen Premierminister Ruud Lubbers zu seinem Sitzplatz.
BBC London | 92 Jahre Queen Elizabeth II in pictures

Verdienstorden
11. September 1990
Sammlung Luciano Pelizzari

Die Queen Ikone Englands

1992

Queen Elizabeth II. begeht Schloss Windsor nach einem verheerenden Großbrand. Die Queen nennt 1992 "Annus Horribilis", ihr Schreckensjahr.
BBC London | 92 Jahre Queen Elizabeth II in pictures

40-jähriges Thronjubiläum Queen Elizabeth II.
1992
Steingut
Wedgwood Jasperware
Staffordshire, GB
gegründet 1759
Sammlung Marina Minelli Pescara

Die Queen Ikone Englands

1993

Die Queen am Gewehr: Bei der Hundertjahrfeier der Waffenver-
einigung der Armee in Bisley feuert die Queen ein SA80-Gewehr ab.
BBC London | 92 Jahre Queen Elizabeth II in pictures

40-jähriges Thronjubiläum Queen Elizabeth II.
1992
Porzellan
Coalport
Ironbridge Gorge, GB
gegründet 1795
Sammlung Marina Minelli Pescara

Die Queen Ikone Englands

1994

Die Queen nimmt an den Feiern zum Gedenken an den D-Day teil, auch auf dem Soldatenfriedhof von Bayeux in der Normandie.
BBC London | 92 Jahre Queen Elizabeth II in pictures

40-jähriges Thronjubiläum Queen Elizabeth II.
6. Februar 1992
Sammlung Luciano Pelizzari

Die Queen Ikone Englands

1995

Die Queen besucht zum ersten Mal Südafrika. Präsident
Nelson Mandela begrüßt sie in Kapstadt.
BBC London | 92 Jahre Queen Elizabeth II in pictures

One Dollar Queen Elizabeth II.
1995
Aluminium-Bronze
Sammlung Luciano Pelizzari

God Save the Queen!

1996

1996 zerbricht die Ehe von Charles und Diana. Ein Jahr später kommt Prinzessin Diana bei einem Autounfall ums Leben. Medien und Öffentlichkeit unterstellen der Queen, sie trauere nicht angemessen. Sie reagiert mit einer Ansprache, in der sie Diana ehrt und ihre Beerdigung im Fernsehen übertragen lässt. Schätzungsweise 2,5 Milliarden Menschen sehen die Ausstrahlung der Trauerfeierlichkeiten. Anlässlich des Goldenen Thronjubiläums der Queen 2002 werden zahlreiche Feiern und Empfänge abgehalten. Unter anderem wird ein großes Pop- und Rockkonzert im Garten des Buckingham-Palastes veranstaltet. 2002 ist aber auch ein trauriges Jahr für die Queen: Ihre jüngere Schwester Margaret und ihre Mutter Elizabeth sterben kurz nacheinander. Die schweren Terroranschläge von 2017 in London hinterlassen auch bei den Auftritten der Queen in der Öffentlichkeit ihre Spuren. Sie zeigt sich bei ihrem 65. Thronjubiläum mit bedrückter Miene und lässt über Twitter vermelden: Es sei „schwierig, der sehr tristen Stimmung" im Lande zu entkommen. Ihren 92. Geburtstag feiert die Monarchin am 21. April 2018: Lang lebe die Queen!

Großbritannien trauert: Prinzessin Diana stirbt bei einem Autounfall in Paris. Am 11. September 2001 schlägt der Terror unbarmherzig zu. In New York bringen zwei von Terroristen gelenkte Flugzeuge das World Trade Center zum Einsturz: Fast 3.000 Menschen sterben. Gute Nachrichten aus Europa: Zwölf Staaten der EU bekommen eine einheitliche Währung, der Euro ist geboren. An Weihnachten 2004 schlägt die Natur zurück: Ein Tsunami als Folge eines See- bebens vor Sumatra hinterlässt an den Küsten Indonesiens, Indiens und Thailands verheerende Verwüstungen: Mehr als 160.000 Menschen sterben. Ein Erdbeben im japanischen Fukushima lässt unzählige Gebäude zusammenstürzen und zerstört ein Atomkraft- werk. 2015 setzen die Flüchtlingsströme nach Mitteleuropa ein. Millionen Menschen machen sich auf den Weg, Tausende sterben auf der Flucht. Neue Namen dominieren die Weltpolitik: Angela Merkel wird als erste Frau Bundeskanzlerin, Barack Obama ist der erste Afroamerikaner im US-Präsidentenamt. Abgelöst wird er von einem Kandidaten der Republikaner: Donald Trump betritt die politische Bühne. 2016 ist das Jahr des Brexit: Bei einem Referendum des Vereinigten Königreichs am 23. Juni 2016 stimmten 51,89 % der Wähler für den Austritt des Vereinigten Königreichs aus der Europäischen Union.

God Save the Queen!

1996

16 Kinder und Lehrer sind bei einem Amoklauf in Schottland getötet worden. Queen Elizabeth II. legt am Tatort einen Kranz nieder.
BBC London | 92 Jahre Queen Elizabeth II in pictures

Britische Sportwagen
1. Oktober 1996
Sammlung Luciano Pelizzari

God Save the Queen!

1997

Nach dem Tod von Prinzessin Diana trauert die königliche Familie im privaten Kreis, was zu Kritik aus der Öffentlichkeit führt.
BBC London | 92 Jahre Queen Elizabeth II in pictures

The Great Tudor
King Henry VIII. und seine Frauen
21. Januar 1997
Sammlung Luciano Pelizzari

God Save the Queen!

1998

Die Queen mit Durchblick: Die technisch interessierte Königin schaut durch einen Theodoliten, ein High-Tech-Winkelmessgerät.
BBC London | 92 Jahre Queen Elizabeth II in pictures

Diana Princess of Wales
3. Februar 1998
Sammlung Luciano Pelizzari

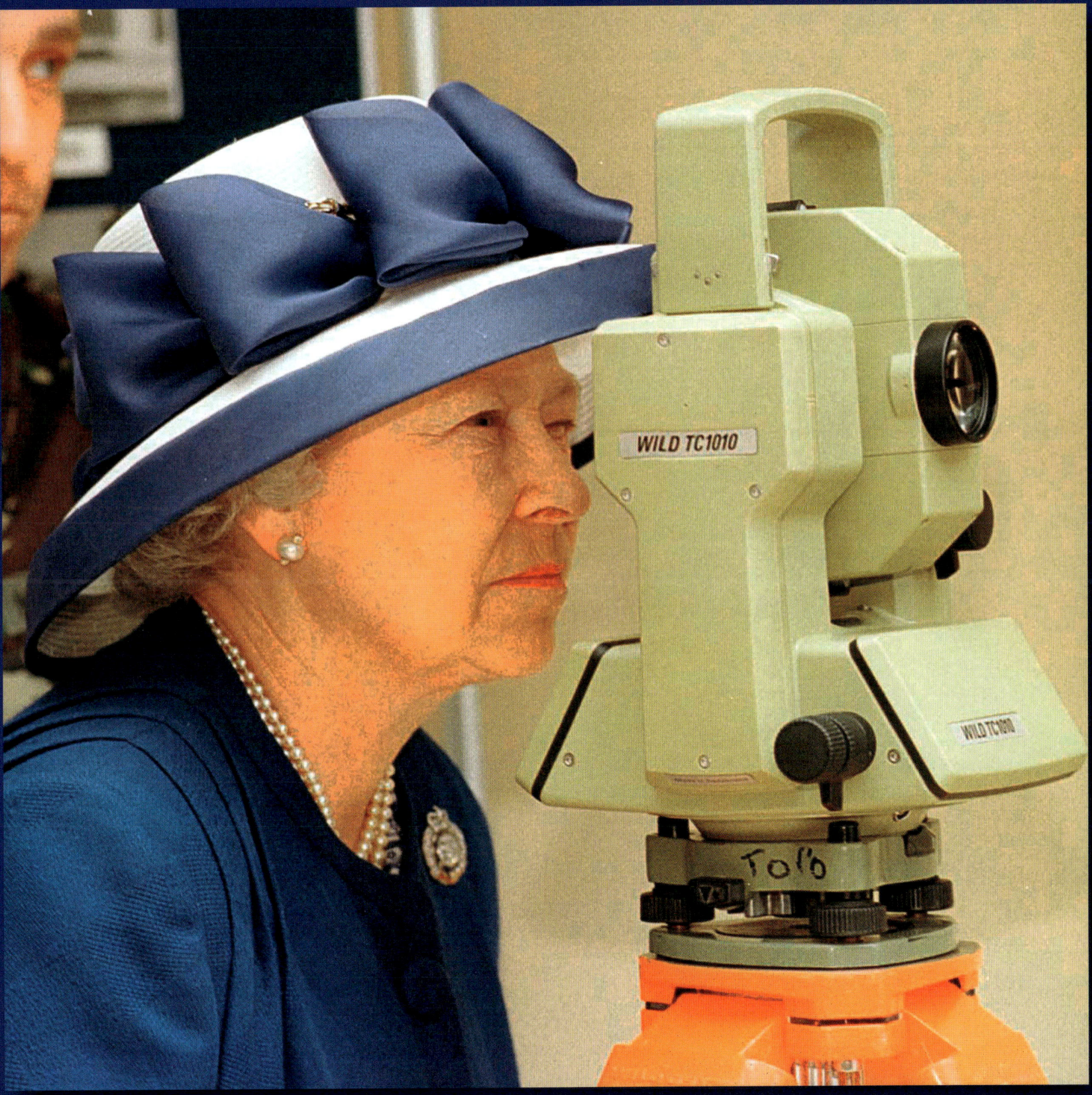

God Save the Queen!

1999

Volksnähe: Queen Elizabeth II. bei einer Teatime mit Bürgern in deren Zuhause. Sie liebt Earl Grey mit Milch ohne Zucker.
BBC London | 92 Jahre Queen Elizabeth II in pictures

Feier des Milleniums
3. August und 7. September 1999
Sammlung Luciano Pelizzari

God Save the Queen!

2000

Queen Elizabeth II. mit ihrer Mutter in einer Pferdekutsche. Beide liebten den Pferdesport und fachsimpelten gerne über Pferderennen.
BBC London | 92 Jahre Queen Elizabeth II in pictures

Zum Gedenken an Queen Mum
2002
Porzellan
Wedgwood
Staffordshire, GB
gegründet 1759
Sammlung Marina Minelli Pescara

God Save the Queen!

2001

Queen Elizabeth II. mit Schauspielern im The Queen Pub, in dem die beliebte Fernsehserie "EastEnders" gedreht wird.
BBC London | 92 Jahre Queen Elizabeth II in pictures

One Dollar Queen Elizabeth II.
2000
Silber
Sammlung Luciano Pelizzari

20 Cents Queen Elizabeth II.
2000
Kupfer-Nickel
Sammlung Luciano Pelizzari

God Save the Queen!

2002

David Beckham und ein schwerkrankes Mädchen überreichen der Queen den Jubiläumsstab bei der Eröffnung der Commonwealth Games.
BBC London | 92 Jahre Queen Elizabeth II in pictures

50 Cents Queen Elizabeth II.
2001
Kupfer-Nickel
Sammlung Luciano Pelizzari

God Save the Queen!

2003

Gruppenbild mit Dame: Die Queen mit dem englischen Rugbyteam im Buckingham-Palast – und Corgi Berry darf mit aufs Bild.
BBC London | 92 Jahre Queen Elizabeth II in pictures

Goldenes Thronjubiläum Queen Elizabeth II.
2002
Porzellan
Spode
Stoke-on-Trent, GB
gegründet 1770
Sammlung Marina Minelli Pescara

God Save the Queen!

2004

Einblicke: Die Queen bei einem Besuch der Royal Albert Hall,
die nach langer Restaurierung wiedereröffnet worden ist.
BBC London | 92 Jahre Queen Elizabeth II in pictures

50-jähriges Thronjubiläum Queen Elizabeth II.
6. Februar 2002
Sammlung Luciano Pelizzari

God Save the Queen!

2005

Hochzeit des Prinzen von Wales mit Camilla Parker Bowles.
Die Mutter des Bräutigams nimmt nur an der kirchlichen Trauung Teil.
BBC London | 92 Jahre Queen Elizabeth II in pictures

Goldenes Thronjubiläum Queen Elizabeth II.
6. Februar 2002
Sammlung Luciano Pelizzari

God Save the Queen!

2006

Die Queen freut sich über eine der unzähligen Glückwunschkarten zu ihrem 80. Geburtstag.

BBC London | 92 Jahre Queen Elizabeth II in pictures

50 Jahre königlicher Besuch in Australien
2004
Sammlung Luciano Pelizzari

God Save the Queen!

2007

Diamantene Hochzeit: Queen Elizabeth II. und ihr Ehemann in Hampshire, wo sie auch 1947 ihre Hochzeitsnacht verbracht hatten.
BBC London | 92 Jahre Queen Elizabeth II in pictures

Goldenes Thronjubiläum Queen Elizabeth II.
2002
Porzellan
Sutherland
Stoke-on-Trent, GB
gegründet 1875
Sammlung Marina Minelli Pescara

God Save the Queen!

2008

Grußworte der Queen bei einem Bankett zum Start eines zweitägigen
Staatsbesuches von Frankreichs Präsident Nicolas Sarkozy.
BBC London | 92 Jahre Queen Elizabeth II in pictures

Goldenes Thronjubiläum Queen Elizabeth II.
2003
Sammlung Luciano Pelizzari

God Save the Queen!

2009

Bei einem Besuch des Tierschutzvereins pflanzt die Queen einen
Baum: 50 Jahre lang ist sie Schirmherrin der Institution.
BBC London | 92 Jahre Queen Elizabeth II in pictures

Goldenes Thronjubiläum Queen Elizabeth II.
2003
Sammlung Luciano Pelizzari

God Save the Queen!

2010

Queen Elizabeth II. ins Gespräch vertieft mit Benedikt XVI.
während eines Papst-Besuchs in Großbritannien.
BBC London | 92 Jahre Queen Elizabeth II in pictures

Medaille Windsor Castle
2010
Gold
Sammlung Luciano Pelizzari

God Save the Queen!

2011

Die Queen bei einer Kranzniederlegung an der Gedenkstätte in Staffordshire. 15.000 gefallener Soldaten wird hier gedacht.
BBC London | 92 Jahre Queen Elizabeth II in pictures

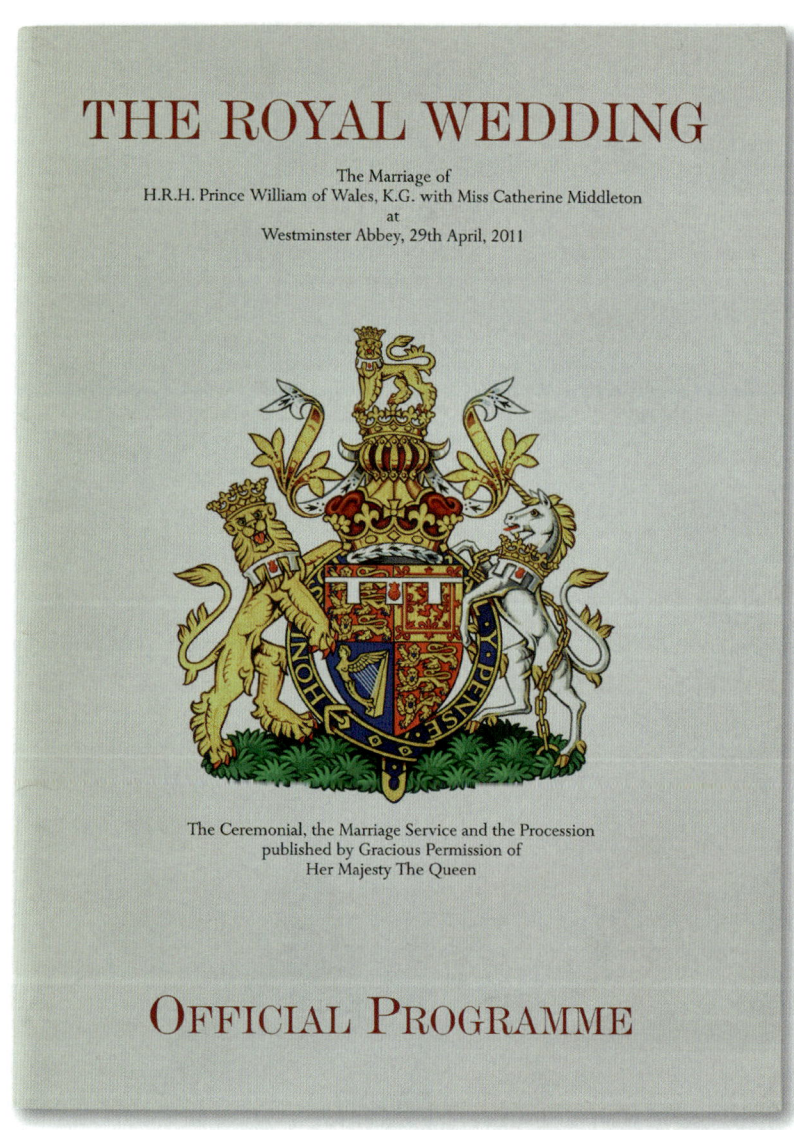

**Hochzeitsprogramm Prince William
und Miss Catherine Middleton**
29. April 2011
Westminster Abbey
Sammlung Marina Minelli Pescara

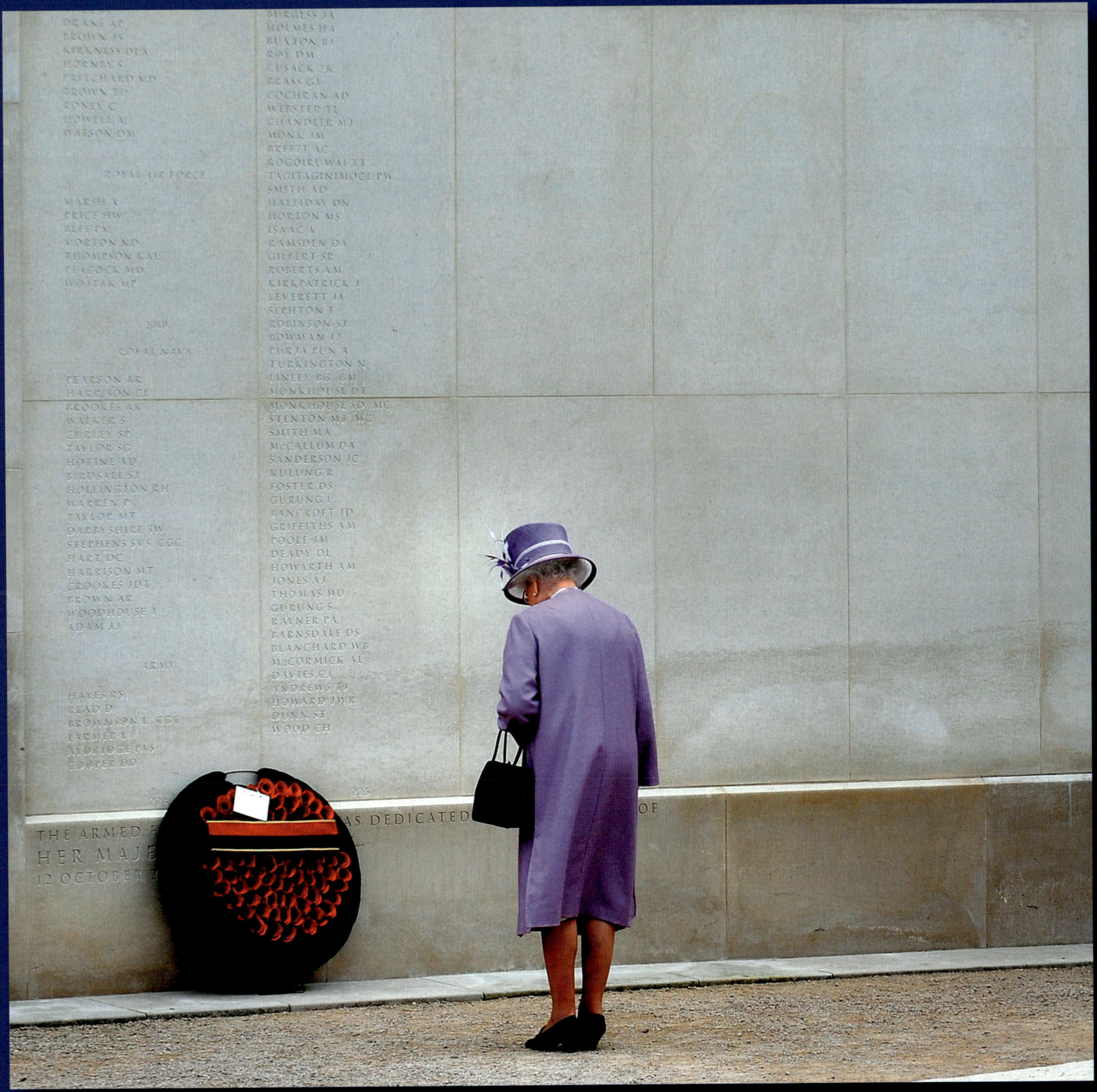
THE ARMED F
AS DEDICATED
OF
HER MAJE
12 OCTOBER 2

God Save the Queen!

2012

Die Queen on stage! Die Königin zusammen mit gefeierten Popstars beim Konzert anlässlich des 60-jährigen Thronjubiläums.
BBC London | 92 Jahre Queen Elizabeth II in pictures

**Hochzeit Prince William
und Miss Catherine Middleton**
2011
Porzellan
William Edwards
Stoke-on-Trent, GB
Sammlung Marina Minelli Pescara

2013

Die Queen besucht das 5. Bataillon des königlichen schottischen
Regiments in Canterbury und stellt sich zum Gruppenfoto.
BBC London | 92 Jahre Queen Elizabeth II in pictures

Hochzeit Prince William
und Miss Catherine Middleton
2011
Porzellan
Royal Worcester
Warmstry, GB
gegründet 1751
Sammlung Marina Minelli Pescara

God Save the Queen!

2014

Windsor trifft Hollywood: Die Queen zeichnet die Schauspielerin Angelina Jolie als Honorary Dame Commander aus.
BBC London | 92 Jahre Queen Elizabeth II in pictures

Medaille Diamantenes Thronjubiläum Queen Elizabeth II.
2012
Gold
Sammlung Luciano Pelizzari

God Save the Queen!

2015

Rekord: Um 17:30 Uhr am 9. September 2015 hat Queen Elizabeth II. 23.226 Tage, 16 Stunden und ungefähr 30 Minuten als Königin regiert.
BBC London | 92 Jahre Queen Elizabeth II in pictures

90. Geburtstag Queen Elizabeth II.
2016
Porzellan
Spode
Stoke-on-Trent, GB
gegründet 1770
Sammlung Marina Minelli Pescara

**Am längsten regierender
britischer Monarch Queen Elizabeth II.**
2015
Porzellan
Spode
Stoke-on-Trent, GB
gegründet 1770
Sammlung Marina Minelli Pescara

God Save the Queen!

2016

Eine glücklich lächelnde Monarchin: Alles Gute zum 90. Geburtstag,
Ihre Majestät Queen Elizabeth II.
BBC London | 92 Jahre Queen Elizabeth II in pictures

90. Geburtstag Queen Elizabeth II.
2016
Porzellan
Spode
Stoke-on-Trent, GB
gegründet 1770
Sammlung Marina Minelli Pescara

God Save the Queen!

2017

Die Queen am 13. November 2017 am Remenbrance Day, mit einer Brosche, die das Symbol des Gedenktages, die Mohnblume, zeigt.
BBC London | 92 Jahre Queen Elizabeth II in pictures

God Save the Queen
2017
Jef Aérosol *1957
Sprühlack auf Kartonage
Weltkulturerbe Völklinger Hütte

God Save the Queen!

2018

Mode-Ikone Queen: Die Königin bei der Fashion Week mit Anna Wintour, der Chefredakteurin der US-amerikanischen Ausgabe der Vogue.

BBC London | 92 Jahre Queen Elizabeth II in pictures

Five Dollars Queen Elizabeth II.
2017
Titan
Sammlung Luciano Pelizzari

Hochzeit von Prinz Harry und Meghan Markle
19. Mai 2018
Windsor Castle

Hochzeitsprogramm
Prinz William und Catherine Middleton
29. April 2011
Westminster Abbey
Sammlung Marina Minelli Pescara

Queen Elizabeth II. beim Staatsempfang mit Bundespräsident Richard von Weizsäcker | Schloss Augustusburg, Bonn | 1992

Geburt George Alexander Louis
2013
Porzellan
Burleigh
Stoke-on-Trent, GB
gegründet 1851
Sammlung Marina Minelli Pescara

Hochzeit Prince William und Miss Catherine Middleton
2011
Porzellan
The Royal Collection
Sammlung Marina Minelli Pescara

Literatur

Meinrad Maria Grewenig (Hg.)
Queen Elizabeth II.
Sammlung Luciano Pelizzari
Völklingen 2018

Leslie Carroll
Notorious Royal Marriages
A juicy journey through nine
centuries of dynasty, destiny,
and desire
New York 2018

Mareile Höppner
Was kommt nach der Queen?
Das englische Königshaus zwischen
Boulevard und Buckingham Palace
Reineck 2018
(erscheint im September 2018)

Anthem Publishing
Queen Elizabeth II.
London 2018

Tina Brown
Diana. Die Biographie
München 2017

Anne Edwards
Royal Sisters. Queen Elizabeth II
and Princess Margaret
Guilford 2017

Thomas Kielinger
Winston Churchill. Der späte Held
Eine Biographie
München 2017

Marina Minelli
Un Tè con la Regina
Florenz 2017

Andrew Morton
Diana: Her True Story –
in Her Own Words
25th Anniversary Edition featuring
exclusive new material
New York 2017

Luciano Pelizzari
The Stamps of the Queen
Homage to Elizabeth II
rona 2017

Catherine Ryan
The Queen: The Life and Times
of Elizabeth II
New York 2017

Peter Wende (Hg.)
Englische Könige und Königinnen
der Neuzeit. Von Heinrich VII.
bis Elisabeth II.
München 2017

Galerie Zimmerling & Jungfleisch
No(w) Future – Jef Aérosol
Saarbrücken 2017

Deborah Ameri
Sono la prima regina capace di
guidare. Vita publica e privata di
Elisabetta II attraverso episodi
curiosi mai raccontati
Emilia 2016

Die Queen. Elizabeth II zum
Neunzigsten
Ein Leben für die Krone
in: Der Spiegel Biografie
1/2016

Ein Leben für die Krone. Zum
Neunzigsten von Queen Elizabeth II
in: Gala royal, Sonderheft
2016

Tim Ewart
Queen Elizabeth II. A Celebration
of Her Majesty's 90th Birthday
London 2016

Reuel Golden/Christopher Warwick (Hg.)
Her Majesty
Köln 2016

Susan Kennedy u. a.
Queen Elizabeth II und die königliche
Familie. Ein Leben für die Krone
München 2016

Thomas Kielinger
Kleine Geschichte Großbritanniens
München 2016

Mandy Merck
The British Monarchy on Screen
Manchester 2016

Matthias Range
British royal and state funerals. Music
and Ceremonial since Elizabeth I
Woodbridge 2016

Christoph Spöcker
Queen Elizabeth II. Kleine Anekdoten
aus dem Leben einer großen
Monarchin
München 2016

The Queen. At a Celebration of her
Life and Legacy. Stateswoman,
matriarch and inspiration
in: Woman's weekly classic series
18/2016

Anna Brett
The Royals. From the turn of the
20th century to the modern Royal
Family
London 2015

Das Britische Empire
In: GEO Epoche
74/2015

Thomas Kielinger
Elizabeth II. Das Leben der Queen
München 2015

Chatherine Mayer
Charles – Mit dem Herzen
eines Königs
München 2015

Bettina Musall/Eva-Maria Schnurr (Hg.)
Englands Krone. Die britische
Monarchie im Wandel der Zeit
München 2015

Vittorio Sabadin
Elisabetta l'ultima regina
Novara 2015

Britanniens Krone. Von den Angel-
sachsen bis zu Königin Elizabeth II
in: Der Spiegel Geschichte
4/2014

Michael Imhof / Hartmut Ellrich
Das Haus Windsor und seine
deutsche Herkunft. Die Royals aus
Hannover und Sachsen-Coburg und
Gotha
Petersberg 2014

Emanuelle Barletti
Pietro Annigoni. Presenze di un
Artista. Nel 25° Anniversario della
scomparsa
Florenz 2013

Das britische Empire
1600–1947: Als England die Welt
regierte
In: Der Spiegel Geschichte
1/2013

Philip Eade
Young Prince Philip. His Turublent
Early Life
London 2012

John Hall
Queen Elizabeth II and her church
Royal Service at Westminster Abbey
London 2012

Angela Kelly
Das trägt die Queen.
So entsteht die Garderobe
Ihrer Majestät
München 2012

Hugh Roberts
Die Diamanten der Queen
Hildesheim 2012

Alexis Schwarzenbach
Königliche Träume. Eine Kulturge-
schichte der Monarchie 1789 – 1997
München 2012

Sally Bedell Smith
Elizabeth the Queen
The Life of a Modern Monarch
New York 2012

Susanna Brown
Queen Elizabeth II.
Portraits by Cecil Beaton
Victoria & Albert Museum
London 2011

Joachim Frenk / Christian Krug
The Cultures of James Bond
Trier 2011

Frederike Haedecke / Julia Melchior
Royal Weddings – Köngliche Hoch-
zeiten
Kempen 2011

Eckehard Korthals
Die Windsors: Die deutschen Wurzeln
des britischen Königshauses von
Georg I bis Elizabeth II
Thüringen 2011

Ferdinand Leikam
Empire, Entwicklung und Europa
Die Europapolitik Großbritanniens
und die Entwicklungsländer im
Commonwealth 1945 – 75
Augsburg 2011

Andrew Marr
The Diamond Queen
Elizabeth II and Her People
Oxford 2011

National Portrait Gallery (Hg.)
The Queen. Art and Image
London 2011

Friedemann Bedürftig
Die Queen. Eine Biographie in Bildern
Köln 2010

Detlef Berghorn / Markus Hattstein
Weltgeschichte. Von den Anfängen
bis ins 21. Jahrhundert
München 2010

Neil Blain / Hugh O'Donnell
Media, Monarchy and Power
Bristol / Portland 2010

Franz-Josef Brüggemeier
Geschichte Großbritanniens im
20. Jahrhundert
München 2010

William Shawcross
Queen Elizabeth. The Queen Mother
The official Biography
London 2010

Philip Ziegler
Queen Elizabeth II.
Ihr Leben in Bildern
Wien 2010

Ute Becker (Hg.)
Die Chronik des 20. und
21. Jahrhunderts
München 2009

Sophie Gordon
Königliche Hunde. Von der Liebe des
britischen Königshauses zu seinen
treuesten Begleitern
München 2009

Meinrad Maria Grewenig (Hg.)
Staatsgeschenke
60 Jahre Deutschland
Neustadt a. d. Weinstraße 2009

Yvonne Arnhold
Das Prinz Charles-Syndrom
Ein Leben in der Warteschleife
des endlosen Erbens
Bayreuth 2007

Tina Brown
The Diana Cronical
London 2007

Robert Hardman
Monarchy. The Royal Family at Work
London 2007

Rolf Seelmann-Eggebert
Prinzessin Diana. Ein Hörbuch des
Adelsexperten Rolf Seelmann-
Eggebert
Hamburg 2007

Meinrad Maria Grewenig (Hg.)
Weltereignisse. Meisterwerke der
Reportagefotografie von Associated
Press 1954 bis heute
Neustadt a. d. Weinstraße 2006

Gerhard Altmann
Abschied vom Empire. Die innere
Dekolonisation Großbritanniens
1945 – 1985
Göttingen 2005

Gyles Brandreth
Philip und Elizabeth
Porträt einer Ehe
Stuttgart 2005

Tom Levine
Die Windsors. Glanz und Tragik
einer fast normalen Familie
Frankfurt am Main 2005

Thomas Mergel
Großbritannien seit 1945
Stuttgart 2005

Tenrence Pepper / Roy Strong
Cecil Beation. Porträts
Ostfildern-Ruit 2005

Jost Dülffer
Europa im Ost-West-Konflikt
1945 – 1990
München 2004

Raingard Eßer
Die Tudors und die Stuarts:
1485 – 1714
Stuttgart 2004

Michael Fröhlich
Geschichte Großbritanniens
Von 1500 bis heute
Darmstadt 2004

Frieder Günther
Misslungene Aussöhnung?
Der Staatsbesuch von Theodor Heuss
in Großbritannien im Oktober 1958
Stuttgart 2004

Diane Wald
The Corgis of Queen Elizabeth
In: The Massachusetts Review
45/2, S. 252 – 255
2004

Jennie Bond
The little Princesses. The Story of
Queen's childhood by her nanny,
Marion Crawford
BBC Royal Correspondent
London 2003

Marita A. Panzer
Englands Königinnen. Von den Tudors
zu den Windsors
München 2003

Bousfield Arthur / Garry Toffoli
Fifty years the Queen. A Tribute to
Her Majesty Queen Elizabeth II on
her golden jubilee
Toronto 2002

Robert Lacey
Monarch. The Lige and Reign of
Elizabeth II
New York 2002

Ludwig Schubert / Rolf Seelmann-
Eggebert
Majesty. Königin Elizabeth II
Berlin 2002

Literatur

Roland D. Gerste
Die Queen
Elizabeth II und das Haus Windsor
Regensburg 2001

Norbert Himmler
Zwischen Macht und Mittelmaß
Großbritanniens Außenpolitik und
das Ende des Kalten Krieges
Akteure, Interessen und Entschei-
dungsprozesse der britischen
Regierung 1989/90
Berlin 2001

Peter Lockton
Royal Commemorative Mugs and
Beakers
Edinburgh 2001

Kurt Kluxen
Geschichte Englands
Stuttgart 2000

Martha Schad (Hg.)
Macht und Mythos
Die großen Dynastien
Augsburg 2000

Sabine Berghahn
Mythos Diana. Von der Princess of
Wales zur Queen of Hearts
Gießen 1999

Ludwig Schubert / Rolf Seelmann-
Eggebert
Europas Königskinder
Berlin 1999

Anthony Harold Birch
The British system of government
London 1998

Rolf Seelmann-Eggebert / Leontine
von Schmettow
Deutsche Fürstenhäuser
Berlin 1998

Paul R. Sweet
The Windsor File
In: The Historian 59/2, S. 263 – 279
1997

Vernon Bogdanor
The monarchy and the constitution
Oxford 1995

Nicholas Davies
Queen Elizabeth II.
Die Insider-Biographie
Essen 1994

H. Flynn Douglas
British Royal Commemoratives
Atglen 1994

Staatsbesuch Königin Elizabeth II
19. – 23. Oktober 1992
Presse- und Informationsamt
der Bundesregierung
Bonn 1992

Clemens A. Wurm / Bernard W. E.
Alford
Wege nach Europa. Wirtschaft und
Außenpolitik Großbritanniens im
20. Jahrhundert
Bochum 1992

Königliche Romanzen
Liebe, die Geschichte machte
Bd. 2, 5, 15, 20, 23, 27
Hamburg 1991 / 1992

Luciano Pelizzari
Pietro Annigoni. Il periodo inglese
1949 – 1971
Rom 1991

Terence Pepper
Society Portraits. Dorothy Wilding
London 1991

Eric R. Delderfield
Kings and Queens of England and
Great Britain
Exeter 1990

Siegfried Bünger
Geschichte Großbritanniens von 1918
bis zur Gegenwart
Berlin 1989

Jutta Vogel
Die Weizäckers und die europäischen
Königshäuser
Bergisch Gladbach 1989

M. H. Davey / D. J. Mannion
Fifty Years of Royal Commemorative
China 1887 – 1937
Hemel Hempstead 1988

Roy Strong (Hg.)
Cecil Beaton. The Royal Portraits
London 1988

Robert Innes-Smith
Windsor Castle
Derby 1987

Reinhold Mißelbeck
Photographie des 20. Jahrhunderts
Sammlung Gruber
Küln 1986

Malcom Rogers
Elizabeth II. Portraits of Sixty Years
London 1986

Patrick Montague-Smith
Queen Elizabeth. The Queen Mother
London 1985

Karl-Heinz Röder (Hg.)
Das politische System Großbritanniens von der englischen bürger-
lichen Revolution bis zur Gegenwart
Köln 1982

Lothar-Günther Buchheim
Staatszirkus. Mit der Queen
durch Deutschland. Eine Reportage
München 1978

Karl Heinz Wocker
Königin Viktoria. Eine Biographie
Düsseldorf 1978

Pietro Annigoni
An Artist's Life. As told to Robert
Wraight
London 1977

National Portrait Gallery (Hg.)
Royal Faces
900 years of British Monarchy
London 1977

Richard Ormond
The face of monarchy
British royalty portrayed
Oxford 1977

Andrew Duncan
Elizabeth II und ihr Hof. Das wahre
Leben einer Königin
Wien / München / Zürich 1970

Elizabeth II
in: Stern, farbiger Sonderteil
21 / 1965

Frank Hardie
The political influence of Queen
Victoria 1861 – 1901
London 1963

William Strang
Britain in world affairs. A Survey of
the fluctuation in British power and
influence; Henry VIII to Elizabeth II
London 1961

Arthur Baker
Queen Elizabeth II and Her Ministers
in: World Affairs 120/4, S. 103 – 105
1957

Charles Richard Cammell
Memoirs of Annigoni
London 1956

Filme

Pierre Berton
Königliche Familie
München 1955

Elizabeth II. Reine d'Angleterre
In: Paris Match, Numero Special
Juni 1953

Taylor Darbyshire
King George VI
An intimate and authentic Life
London 1937

Stephen Daldry
The Crown
London 2016

Tim Nelson
Queen Elizabeth II. Zum 60-jährigen
Krönungsjubiläum der Queen
London 2016

Dokumentationen

Tracy Manners
The Queen
A Diamond Jubilee Celebration
London 2012

Tom Hooper
The King's Speech
Die Rede des Königs
Berlin 2011

Stephen Frears
Die Queen
London 2007

Norbert Schenk / Günther Neumann
Royal Castle – Die Geschichte der
königlichen Familie
Frechen 2018

Ashley Gething
Diana, Our Mother
Her Life and Legacy
London 2016

Anette Harlfinger
Englands Krone
Köln 2017

Nick Green
Die Briten. Geschichte einer
Kolonialmacht
London 2013

Radio-Aufzeichnungen

Tara Pirnia
Die Queen – 60 Jahre Königin
Planegg 2013

Susanne Gelhard / Patricia Schäfer
Very British – Mit Stil, Charme und
Eigensinn
London 2012

Die Windsors
Die große BBC-Dokumentation über
das britische Königshaus
München 2011

HM Queen Elizabeth II visits West
Berlin at the height of the Cold War
BBC Podcast
Berlin 27. Mai 1965

The Royal Wedding
Princess Elizabeth and Lieutenant
Philip Mountbatten
BBC Podcast
London 1947

The 21st Birthday of Princess
Elizabeth. Princess Elizabeth's
speech to the Commonwealth from
Cape Town, BBC Podcast
South Africa 21 April 1947

www.bbc.com

www.bpb.de

www.chroniknet.de

www.dhm.de

www.focus.de

www.hdg.de

www.historytoday.com

www.spiegel.de

www.tagesschau.de

www.royal.uk

www.was-war-wann.de

Autoren

Peter Backes

geboren 1952 in Saarbrücken

Studium der Soziologie an der Universität des Saarlandes, Saarbrücken

seit 2000 Projektleiter am Weltkulturerbe Völklinger Hütte –
Europäisches Zentrum für Kunst und Industriekultur

Meinrad Maria Grewenig

geboren 1954 in Saarbrücken

1983 Promotion an der Universität Salzburg in Kunstgeschichte,
Klassischer Archäologie, Philosophie und Erziehungswissenschaft

1984 bis 1992 Saarland Museum Saarbrücken, seit 1989 stellvertretender
Direktor

1992 bis 1999 Direktor des Historischen Museums der Pfalz in Speyer,
Geschäftsführender Vorstand der Museumsstiftung

seit 1999 CEO | Generaldirektor des Weltkulturerbes Völklinger Hütte –
Europäisches Zentrum für Kunst und Industriekultur

2011 bis 2013 parallel dazu Geschäftsführender Vorstand der Stiftung
Saarländischer Kulturbesitz

seit 2008 Präsident ERIH – European Route of Industrial Heritage

2011 Landesprofessur Saarland

seit 2015 Präsident Saarländischer Museumsverband

seit 2016 Chevalier dans l'Ordre national du Mérite de la République de France

Eva-Maria Günther

geboren 1968 in Edenkoben

Studium der Europäischen Kunstgeschichte, der christlichen und
klassischen Archäologie an der Universität Heidelberg und der
Universität München

1997 M.A. an der Universität Heidelberg

Verlagsredakteurin

seit 2005 an den Reiss-Engelhorn-Museen, Mannheim
Abteilungsleiterin Ausstellungsmanagement und Museumsvermittlung,
rem Mannheim

Andreas Hahn FRPSL

geboren 1961 in Schwelm

Studium der Kunstgeschichte, Neueren Geschichte, Publizistik- und
Kommunikationswissenschaften in Bochum und München

1993 Promotion in Bochum

1994 Wissenschaftliches Volontariat an den Bayerischen Staatlichen Museen
in München

1996 Wissenschaftlicher Mitarbeiter an den Bayerischen Staatsgemälde-
sammlungen in München

seit 1998 Leiter des Archivs für Philatelie der Museumsstiftung Post und
Telekommunikation in Bonn

Luciano Pelizzari

geboren 1950 in Sabbio Chiese (Brescia), Italien

1968 Studium am Nationalinstitut I.N.A.P.L.I. in Villanuova sul Clisi,
Abschluss als technischer Zeichner

1971 erste Ausstellung in der Galerie La Disciplina in Bedizzole

1973 erste Begegnung und mit dem Florentiner Maler Pietro Annigoni,
danach Studium als Meisterschüler bei dem Künstler

1976 bis 1984 Luciano Pelizzari organisiert mehrere Ausstellungen in Italien.

1977 bis 1981 Zusammenarbeit mit dem Buchdrucker Martino Mardersteig,
zwei der Bücher sind dem Werk Pietro Annigoni gewidmet

1991 Das Werksverzeichnis zu Pietro Annigoni
"Die englische Periode – 1949 – 1971 erscheint.

1993 Ausstellungen in Saarbrücken, Luxemburg und im Schloss Mainau
Gestaltung des Bühnenbilds für die Oper "La Traviata", die in Saarbrücken
mit dem Orchester des "Teatro La Fenice" aus Venedig aufgeführt und von
Marcello Viotti dirigiert wird. Mehrere Ausstellungen und Sammlungen
entstehen.

Luciano Pelizzari lebt und arbeitet in Saarbrücken und Verona.

Vittorio Sabadin

1979 bis 2011 Journalist, Leiter des politischen Dienstes und Chefredakteur
bei La Stampa

seit 1980 Leitung der grafischen Abteilung von La Stampa
Netzwerkpartner von New York Times, Le Monde, The Guardian, El Pais,
La Vanguardia, El Clarìn

2012 Verantwortlicher Redakteur im Zuge der Digitalisierung, die Online
Ausgabe von La Stampa entsteht

2015 bis 2018 Verfasser der Biografien von Queen Elizabeth II.,
Prinz Charles und Lady Diana

Rolf Seelmann-Eggebert

geboren 1937 in Berlin

Studium der Soziologie, Völkerrecht und Ethnologie in Bristol, München,
Hamburg, Hannover und Göttingen, Abschluss Magister Artium

ab November 1964 Leiter der Reportageabteilung des NDR in Hannover

1968 bis 1976 ARD-Hörfunkkorrespondent für Westafrika

1978 bis 1982 ARD-Fernsehkorrespondent und Studioleiter in London

1982 bis 1989 Programmdirektor des NDR-Fernsehen

1990 bis 1994 Chefkorrespondent des NDR nach London

1994 bis 1996 Leiter des ARD-Studios in London

ehrenamtliche Tätigkeit im Vorstand von UNICEF Deutschland

seit 2003 auch Kuratoriums-Vorsitzender des Kammerorchesters
Hamburger Camerata

Er berichtet seit den 1970er Jahren in der ARD über den europäischen Adel.

Mit freundlicher Unterstützung von

 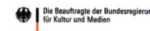   

Kooperation